認識權威

Authority

Center for Civic Education　原著
財團法人民間公民與法治教育基金會　策劃出版

國家圖書館出版品預行編目資料

認識權威 / Center for Civic Education原著；余佳玲譯.
　　--二版. -- 臺北市：民間公民與法治教育基金會，
　　2012.03
　　面；　公分
　　譯自：Foundations of Democracy：Authority,
　　　　　Privacy, Responsibility, and Justice

ISBN 978-986-88103-0-3（平裝）

1. 公民教育 2. 民主教育 3. 權威

528.3　　　　　　　　　　　　　101002467

認識權威　　　　　　　　　　　　　　　民主基礎系列

原著書名：Foundations of Democracy: Authority, Privacy, Responsibility, and Justice
著 作 人：Center for Civic Education（http://www.civiced.org）
譯　　者：余佳玲
策　　劃：黃旭田、張澤平、林佳範
法治教育向下扎根中心
顧　　問：賴崇賢、康義勝
諮詢委員：民間司法改革基金會代表：黃旭田、林佳範、高涌誠、洪鼎堯
　　　　　台北律師公會代表：李岳霖、黃啟倫、張澤平、謝佳伯
　　　　　扶輪代表：張廼良、周瑞廷、陳俊鋒、周燦雄
編輯委員：高全國、黃啟倫
責任編輯：許珍珍
出 版 者：財團法人民間公民與法治教育基金會　（104台北市松江路100巷4號5樓）
出版者電話：(02) 2521-4258 傳真：(02) 2521-4245
出版者網址：www.lre.org.tw

合作出版：五南圖書出版股份有限公司
發 行 人：楊榮川
地　　址：106台北市大安區和平東路二段339號4樓
電　　話：（02）2705-5066（代表號）
傳　　真：（02）2706-6100
劃　　撥：0106895-3
網　　址：https://www.wunan.com.tw
電子郵件：wunan@wunan.com.tw
法律顧問：林勝安律師事務所　林勝安律師

版　　刷：2012年3月二版一刷
　　　　　2020年11月二版五刷
定　　價：150元

認識權威——出版緣起

財團法人民間公民與法治教育基金會執行委員　張澤平律師

　　本書原著是美國公民教育中心（Center for Civic Education；http://www.civiced.org）所出版的「民主的基礎：權威、隱私、責任、正義」（Foundations of Democracy：Authority、Privacy、Responsibility、Justice）教材中，適用於美國3至5年級學生的部分。原著的前身則是美國加州律師公會在1968年，委託設於加州大學洛杉磯分校（UCLA）的公民教育特別委員會，所發展的「自由社會中之法律」（Law in a Free Society）教材。教材的發展集合律師及法律、政治、教育、心理等專業人士共同開發而成，內容特別強調讀者的思考及相互討論。原著架構歷經將近四十年的淬鍊，目前已廣為世界各國參考作為公民教育、法治教育的教材。出版者有感於本書的編著結合各相關專業領域研發而成，內容涉及民主法治社會的相關法律概念，所舉的相關實例生動有趣，引導的過程足以帶動讀者思考，進行法治教育卻可以不必使用法律條文，堪稱是處於民主改革浪潮中的台灣社會所不可或缺的公民、法治、人權、品德教育參考教材，因此積極將其引進台灣。

　　這本書的主題——「權威」，是民主法治國家之所以能夠順利運作的重要機制。雖令人感到抽象不易掌握，但透過本書所舉的實例及相關問題，則不難領略其內涵。書中鮮少有空泛的論述，取而代之的是一個一個發生在社會中的實例及問題，以及解決問題的思考工具（Intellectual Tool）。書中從不直接提出問題的答案，而希望師長帶著學生或讀者彼此之間，在互相討論的過程中，分享、思考彼此的想法，進而紮實的學習領會書中所討論的觀念。討論過程不僅可使這些抽象觀念更容易內化到讀者的價值觀裡，更可滙集眾人的意志，進而訂定合理的規範，是民主法治社會中最重要的生活文化。（歡迎讀者至法治教育資訊網

www.lre.org.tw參與討論）

　　引進本書其實也期望能改變國內關於法治教育的觀念。不少人認為法治教育即是守法教育，抑或認為法治教育應以宣導生活法律常識為主。然而，如果能引領學生思考與法律相關的重要概念或價值，則遵守法律規範，當是理所當然的結果。懂得保護自己權益的人，當然也應當尊重別人的權益，瑣碎的法律規定應當不必耗費大多數的課堂時數。由此當更容易理解，法治教育應對施教的素材適當的設計揀選，才能夠達到事半功倍的效果。此外，無論法治教育的施教素材為何，也應當都是以培養未來的公民為目標。過度強調個人自保的法律技巧，並無助於未來公民的養成，當非法治教育的重要內涵。現代法律隱涵著許多公民社會所強調的價值，例如人權、正義、民主、公民意識、理性互動等等，都有待於我們透過日常生活的事例加以闡釋，以落實到我們的生活環境中。未來能否培養出懂得批判性思考的優質公民，已成為我國能否在國際舞台上繼續保有競爭力，以及整個社會能否向上提昇的重要挑戰。

　　自2003年起，民間司法改革基金會即與中華扶輪教育基金會、台北律師公會共組「法治教育向下扎根特別委員會」，並由台北律師公會與美國公民教育中心簽訂授權合約，將其在美國出版的「民主基礎系列叢書——權威、隱私、責任、正義」系列出版品（含適用於美國2年級之前，及6至9年級學生之教材及其教師手冊）授權在台灣地區翻譯推廣，執行多年來，已在多所國小校園內實施教學，並榮獲教育部國立編譯館94年度、95年度獎勵人權教育出版品之得獎肯定。我們衷心期盼本書的出版能普遍喚起國人重視人權及民主法治的教育問題，並提供國民中學一套適當的教材，期待各界的支持與指教。（教師讀者若須索取本書的教師手冊，請另洽五南圖書）

張澤平

教育工作者在輔導管教學生行動中應有的理念

臺北市立教育大學教育行政與評鑑研究所教授　吳清山

「作為一個教育工作者，不能只有行動而沒有理念」，那麼我們該用什麼理念來回應學校場域中有關「權威、隱私、責任、正義」等問題呢？我的好朋友黃旭田律師負責的「民間司法改革基金會法治教育向下扎根中心」所出版的「民主基礎系列叢書－權威、隱私、責任、正義」就提供大家許多有意義的「理念」。

首先，「權威」通常就是大家公認為應該要接受的，它常以「領導人」與「規則」方式呈現。而討論「領導人」，要問的是「這是什麼職位」、「需要什麼能力」、「有多大的權力」？老師就是班級裡的領導人，負責教導學生「知書達理」，也就是幫助學生學讀書也學作人，如果學生作錯或是沒有作好，好的老師要有耐心，有好的EQ，才能循循善誘。

老師對學生的偏差行為依法是有「輔導管教」的義務與責任，但界限在那裡？這就涉及「權威」的另一個概念：「規則」，人類社會的規則中最清楚（明文）而且完整的就是法律。廣義的法律尚包含法規命令，甚至行政規則與釋示，目前除教育基本法明文規定老師不可體罰外，「公立高級中等以下學校教師成績考核辦法」更明文規定「違法處罰學生」、「不當管教學生」依情節要給予記大過或記過處分！然而我們不應該只是因為「畏懼」法律而不去「體罰」學生，更重要的是包括老師在內的每一個領導人都應該了解自己的「權威」有其界限，否則就會變成「濫權」！

其次，有關於老師的「責任」，這也絕對不只是「因為規定要記過就記過」！大家要了解，責任的承擔固然常常來自法律或命令，但更多數時候是來自「承諾」，老師應聘時都會簽署一份「聘約」，聘約上都載明要「遵守教育法令與學校規章」，老師既然應聘就是同意聘約上的要求，如果作不到，當然要負起

責任！固然現在的孩子調皮不好教是事實，但是「十年樹木，百年樹人」，學生好教，何必要老師？好的老師應該信守承諾，承擔責任。

其實教師體罰發生時，學校面對老師與家長沒有理由去偏袒任何一方，這就是「公平」，而公平就是「正義」，在「正義」的概念裡除了「分配正義」、「匡正正義」還有「程序正義」，學校在處理體罰事件中，如果更小心處理，就比較不會被質疑公正性。學校是一個教育場域，應該要有更多的包容與尊重，學校既然接納許多學生，風吹草動都會受到社會矚目，因此學校與老師對相關的程序如果能更慎重小心，確保「程序正義」，相信就不致於讓家長對於「匡正正義」的結果感到不放心。

最後談到「隱私」，很多人以為只是「保密」而已，其實保護個人資訊不讓不相干的人知道，當然是「保密」（資訊的隱私），但「隱私」的觀念不僅止於此，它更包含「不被觀察」（觀察的隱私）、「不受干擾」（行為的隱私）。有時候家長因體罰事件決定孩子轉學，讓孩子換個環境，除了有助於減輕孩子創傷的後遺症以外，也有助於孩子「不受觀察」與「不受干擾」。我更希望媒體不要一陣子就跑去報導一下「昔日受暴的孩子現在……」，在資訊自由的同時，也請給孩子多一點隱私吧。

這套書真的很棒，幾個很清楚的概念就可以幫助老師們在教育現場有正確的理念去採取適當的行動。另一方面，這套教材強調討論，更令我讚賞，因為教育的本質原本就是多元性、獨特性與價值性，因此在沒有標準答案的這套教材裡，我看到實踐教育111——「一個都不少」和「不放棄每一個學生」的可能性。所以我樂於向老師推薦！

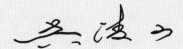

沒有標準答案的真實世界

荒野保護協會榮譽理事長　李偉文

　　大部分人從十一、十二歲開始進入前青春期，一直到十五、六歲為止，大致算是處在「情緒的風暴期」，覺得誰都不了解他，也看什麼都不順眼，從大人的角度而言，這個階段的孩子好辯，挑剔，挑戰權威，為反對而反對。

　　大人或許要了解，叛逆其實是正常的，甚至是必要的，因為叛逆是一切開創的源頭，沒有叛逆，只有依附與屈從，一切的創造與獨立就不容易發生。因為這個階段的孩子是從受父母百分之百照護之下的兒童，跨到獨立自主的成年人的過渡時期，渴望又害怕脫離家庭；在身體快速成長中，有許多狀況是他們自己不了解也無法掌控的。比如說，控制理性思考與行為的大腦前額葉尚未發育完成，往往由負責情緒活動的杏仁核來掌握行為表現，因此在理智上，青少年知道打人不好，飆車吸毒也都不好，杏仁核卻驅使他們去做，並獲得情緒上立即的滿足。

　　當我們了解這個過程時，也就能真正體會到這套「民主基礎系列叢書」的重要性。因為書裡面沒有青少年最厭惡的「道德教訓」，當大人在台上說一些自己也做不到的規範時，若孩子認為如此的成人是「偽善」時，只會加速把他們推向另外一國，形成彼此無法理解的世界。

　　因此，我覺得這套書最棒的地方是，書裡面沒有告訴我們標準答案，指導我們該怎麼做，只是丟出一個又一個我們在生活中會碰到的真實情境，勾起孩子的興趣之後，再引導他們如何去思考。書裡提供了一套思考的工具，也就是一組想法和問題，透過這些問題來引導他們學會「辨別」、「描述」、「解釋」、「評估立場」、「採取立場」、「為立場辯護」等等合乎邏輯的技巧運用，幫助我們在不同情境之下做決定並採取行動。

　　總是覺得台灣的老師或家長最大的問題就是事事都要給孩子一個標準答案去

遵循才會安心，也才會甘心，偏偏這剛好就是孩子眼中最討厭的教條與威權。其實若是我們承認在這個不斷變動且愈來愈複雜的世界裡，沒有簡單或固定不變的答案，但是我們還是可以透過這些思考的工具，共同討論出一個在目前情境下比較適切且符合大多數人利益的做法。只有大人懷抱著這種開放且多元的心態願意與孩子對話時，公民教育才有可能真正的落實，民主的素養才有可能養成。

　　這套書裡提供的許多故事，雖然區分為認識正義、認識隱私、認識責任、認識權威四冊，但不管是那一冊那一個故事，其中都包括了許多觀念與價值必須釐清與討論，彼此也許有衝突，在輕重緩急之下也必須要有取捨，讓孩子了解在不同社會不同情境之下或許會得出不同的解決方案，跟我們所處的真實世界是一樣，其實是沒有永世不變的標準答案。這套書裡的故事不管是老師在課堂上或家長在家裏或社區裡，都非常適合和孩子們一起演出來，透過這些擬真的情境，讓孩子從理智的認知，有機會進入到身體動作與情緒的激發，內心有感受有體會才會回應到行為習慣與價值觀的形成。

　　仔細看完這套叢書之後，心中最大的遺憾是許多大人在學生時代沒有上過這套課程，尤其是那些原本應該是孩子學習典範的立法委員或在電視上夸夸而談的名嘴。

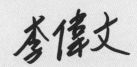

「有禮貌、更講理」的魔力種子在萌芽

財團法人蔚華教育基金會前董事長　許宗賢

　　在一次民間司法改革基金會法治教育向下扎根中心的會議中，有位從事法治教育推廣的種子教師分享了一個親身的小故事，一群原本課後在便利商店會橫衝直撞的孩子們，在上過一系列法治教育課程之後，老闆不可思議的對老師說這群孩子最近變得「有禮貌、更講理」了！這個分享令在場的我們不禁莞爾，同時也深感欣慰，這不就是法治教育、向下扎根的目標嗎？

　　法治來自我們生活中的大小事，從生到死，都與每個人的生活、工作密不可分，而非單純只是在「生活與倫理」或是「公民與道德」這類教科書的單向學習裡。民間司改會法治教育向下扎根中心引進美國公民教育中心的「民主的基礎：權威、隱私、責任、正義」教材，客製化出版了適合我們自己的民主基礎系列叢書。在不一定有標準答案的世界裡，以民主法治社會的相關法律概念為核心，將人類共同生活中所面臨的問題作為範例，引導孩子們做不同的學習，多面向地思考問題所在，運用法治基礎概念和技巧，找尋線索，分析資訊，經由團隊討論，進行各種考量，共同歸結出一個解決問題最適當的方法。這一連串運用生活案例的思考和練習，不但過程有趣，沒有繁瑣死記條文的負擔，無形中，不僅習得法律相關概念，了解公民的權利與義務，懂得表達自己的見解，同時也能傾聽並接納他人的看法，法治教育與民主素養已悄然扎根。

　　對於法治教育向下扎根才能培養承擔責任的下一代公民觀念十分認同的我，除了肯定這套教材的出版與近期重新編修的用心外，更對種子教師的培訓和發展給予支持。感謝身為教育第一線的教師們在課程上引導孩子們進行互動式的參與，刺激更多主動學習的欲望；同時，我也鼓勵家長們利用機會教育，運用本書

作為親職教育與討論溝通的題材。在台灣民主發展前行的寶貴歷程中，我們都有機會為將來一個講理、法治的社會散播公平、正義的種子。

具體深入又生活化的品格培育

台灣師範大學人類發展與家庭學系教授　黃廼毓

　　前陣子有機會認識一位年輕人，閒聊間，我們談到職棒打假球事件，我告訴他，這個新聞令我覺得很難過，有被欺騙的感覺，對球員的品德感到失望和悲哀，也不知道以後還會不會喜歡看棒球賽。

　　相對於我的不勝欷噓，他說：「這不是他們的錯，我們職棒選手的待遇比起美國來太低了。」

　　「可是他們本來就知道他們所選擇的工作就是這樣的待遇啊，何況比起一般人，他們的薪水也不低。」

　　「哪個人不想過好一點的生活，職棒選手能打球沒幾年，能撈錢就得把握機會。」他還是認為打假球是情有可原。

　　我看著他認真的為球員「設身處地」，心裡很惶恐，這位看起來前途無量的青年，雖然坦白，他的價值觀卻令我懊惱。

　　還有一個推甄進入國立大學的年輕人，當人家向他討教推甄經驗，他輕鬆的說：「唉呀，都是我媽和她的助理幫我弄的啦！」在他人的瞠目咋舌中，他似乎覺得別人太大驚小怪，媽媽是教授，為什麼不能「善用資源」呢？

　　以上是我經常遇到的例子之一小部分，我們有很聰明的年輕人，他們努力的追求成功和卓越，也都具備不錯的能力，卻在學習過程中，因著缺乏法治的觀念，無法辨別是非，即使隱約中有來自良知的聲音，卻往往敵不過似是而非的世俗價值觀。如果這些人成年後有了地位或權力，掌握了社會資源，卻因道德判斷力的偏差，不但可能殃及無辜，還可能身敗名裂。而這些品格和法治觀念的形成，非借重教育的力量不可。

　　然而，這些年來教育界成了過街老鼠，顯示民眾對教育功能的期望落空，有

人歸咎於社會風氣敗壞，有人怪罪家庭功能不彰，家長放棄管教，當然也有人指責學校的師長沒有發揮專業的影響力。在抱怨聲中，我聽到的是：我們多麼期望教育能真正切中我們的關鍵需求，讓全民的生命品質能提升。

法治教育向下扎根中心所推廣的《民主系列叢書》少年版，其教學理念與設計，是以學生學習及培養討論思辨為核心，教師引導為輔的書籍。這套叢書提供了一套很精闢又有趣的課程，談的內容是每一個人都應該要學習的，例如正義、責任、隱私、權威等，一般視為品格或品德，然而品格強調的是內在修養，殊不知藉著法治教育可以導正我們社會的人情，使之能發揮正確的功能，也藉著法治教育，讓品格的培育可以具體化、深入每個人實際的生活中。

青少年在成長過程中，能有這般的學習機會，應該可以培養出正確的法治觀念，而且因為經過自己的思考，所建立的觀念就不會輕易受到外界的污染而改變。

希望有一天，會打球的就好好打球，發揮上天給他的天分，享受練球的辛苦和賽球的刺激，而我們不會打球的人可以開開心心看球賽！

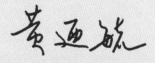

有效的公民教育方案的特徵

有效的公民教育方案，因為至少四項特徵而顯得與眾不同：

■ 學生彼此間有大量互動。強調學生間互動和合作學習的教學策略，對於培養公民參與技巧和負責任的公民至為關鍵。這類教學策略的例子包括：小組合作、模仿、角色扮演和模擬法庭等活動。

■ 內容需具現實性，且能平衡地處理議題。現實地與公平地處理議題，是有效的公民教育的必要元素；針對爭議的各個層面進行批判性的思考，亦同樣不可或缺。假如上課時我國的法律和政治體系被描述得彷彿完美無缺，學生會懷疑老師說話的可信度和課本內容的實際性。相反的，如果課文只列出這兩個體系失敗的例子，則會導致學生不大相信這兩個體系可用於維持社會的秩序和公平。是該尊重法律和政治體系，還是針對特定案例中體系的適用情況提出建設性的批評，兩者間應該取得平衡。

■ 運用社區資源人士參與課程進行。讓學生有機會與工作於我國法律和政治體系內的各種成人角色典範互動，能使上課的效果更好更真實，對於培養學生對於法律和政治體系的正面態度，亦有很大的影響力。在課堂之中善用專業人士的參與（如：律師、法官、警察、立法者等等），能有效提昇學生對公民應有表現相關議題的興趣，使得學生對老師和學校有正面的回應。

■ 校長和其他學校重要高層對公民教育堅決支持。要在校內成功推行公民教育，必須得到學校高層的強烈支持，尤其是學校校長。學校高層採支持的態度，有助於公民教育的實施，他們可以安排活動讓同儕之間能夠相互激勵、獎勵有傑出表現的老師、協助老師對校外人士說明教育計劃的內容和制訂這些計劃的根據，以及提供相關人員在職訓練的機會，以取得實踐公民教育計劃所需的知識和技能。此外，要成功施行公民教育，老師及其同事對此持正面態度是非常重要的。

前言

　　成功的公民教育方案會引導學生積極參與學習過程，以高度尊重學生作為一個個人的方式來進行。反思、省思和論述，會被重視且有計劃地達成。知識和人格的培養是同時並進的，而在我國的憲政民主體制內，此二者對於培育出負責任的公民同樣重要。我們在規劃時即致力於將上述重要特點納入民主的基礎系列課程中。

民主的基礎系列的課程理念

　　規劃這個民主的基礎系列課程，是基於一項根本假設，亦即教育能讓人更能也更有意願表現出知書達禮、認真負責的行為。因此，教育機構必須扮演協助學生的角色，讓他們更懂得為自己做出明智的選擇，學習如何思考，而非該思考些什麼。在自由的社會中，灌輸式的教育方式並不適合教育機構採用。

　　成立公民教育中心是基於一種信念，亦即以上述觀念為基礎的課程所提供的學習經驗，有助於教化學生，使他們願意理性而全心地投身落實各項原則、程序和價值觀，而這些正是維繫及提昇我們的自由社會所必須。

課程目標

民主的基礎系列課程是設計來：
■ 促進對於我國憲政民主制度及這些制度據以建立的基本原則和價值觀的了解
■ 幫助青少年培養成為有效能而能負責的公民所需的技能
■ 增加對於作決定和處理衝突時，能運用民主程序的認識與意願，不論其是在公或私的生活中

　　藉由研讀民主的基礎系列課程，學生能發展出辨識需要採取社會行動問題的能力。他們會被鼓勵透過具知識性的問題探究，而能接受隨著享受公民權利而來的責任；一個

建基於正義、公平、自由和人權理想的社會是否得以存續，這些責任即係關鍵所在。

課程組織

　　民主的基礎系列課程不同於傳統式教材，焦點並非放在事實、日期、人物和事件。相反地，它是放在對於了解我國憲政民主制度極為重要的觀念、價值和原則。這套課程以四個概念為中心：權威、隱私、責任及正義，這些概念構成了公民價值和思想的共同核心的一部分，是民主公民資質理論與實踐的基礎。這些概念並不連續或彼此互不相連，且有時會相互牴觸。這些概念可以有許多不同的解釋，就像所有真正重要的觀念一樣。

　　老師可以在課堂上講授民主的基礎系列課程全部的內容，也可以選擇與學校或地區一般課程目標和學習成果有關的特定觀念來傳授。教導這些概念毋須按照任何特定順序，然而，假如你選定某一課教授，頂多只能完成該課之目標，而無法達到整個單元或概念的目標。

　　這套課程的四個概念各分成四個單元來探討，每個單元都是在回答一個與相關概念的內容和應用有關的根本問題。以下簡述每個概念的四個單元：

權威

第一單元：何謂權威

　　學生學習權力和權威間的關係，研究權威的各種來源，並藉由分析缺乏或濫用權威的情況，來建立對權威面向的認知。然後他們探討可以怎麼睿智而有效地處理這類情況。

第二單元：評估權威職位的人選及規則和法律

　　學生學習必要的知識和技能，而能在面臨與規則或俱權威職務者有關的問題時，做出有根據而合理的決定。

第三單元：運用權威的益處與代價

　　學生了解每次權威的行使，必定會為個人和社會整體帶來某些益處和代價。了解權威所產生的利益和損失是必要的，懂得分辨兩者能幫助我們決定是否要運用權威。

第四單元：權威的範圍與限制

　　這個單元讓學生懂得如何檢視權威職位，判斷這些職位的設計是否恰當，也要了解該如何設計權威職位，才能確保權威不會超過原先規定的範圍或被濫用。

第一單元：何謂正義

　　這個單元有助於學生了解正義相關問題可分成三類：分配正義、匡正正義和程序正義。學生學會如何分辨這三種正義問題，並解釋為什麼辨別這三種正義間的差異是十分重要。

第二單元：分配正義

　　這個單元有助於學生明白何謂分配正義，以及社會中個人和團體之間利益或負擔的分配是否公平。學生了解所謂的利益可能包括：工作的薪餉、發言或投票的權利；負擔則可能包括：做家庭作業或納稅等責任。學生學到一套能有效處理這類議題的步驟。

第三單元：匡正正義

這個單元讓學生了解何謂匡正正義，以及如何公正或適當地針對錯誤和傷害做出回應。學生學到一套能處理這類議題的有效步驟。

第四單元：程序正義

這個單元幫助學生了解何謂程序正義，以及用來蒐集資訊及決策的程序是否公平。學生學到一套能有效處理這類議題的步驟。

第一單元：責任的重要

這個單元幫助學生了解責任對個人和社會的重要性。學生檢視責任的來源，以及履行和不履行責任可能導致的結果。

第二單元：負責任的益處與代價

這個單元讓學生明白履行責任可能會產生某些結果。有些結果是好處，有些則是壞處。學生學到在決定哪些責任比較重要，應該加以履行時，懂得辨別利益和損失是很重要的。

第三單元：如何選擇該負的責任

這個單元有助於學生了解我們常面臨相衝突的責任、價值和利益。學生學到一套步驟，可用於理智抉擇哪些責任應該履行，以及哪些價值和利益是應該追求的目標。

第四單元：誰該負責任

學生自這個單元學到一套步驟，可用於評估和判斷某項事件或情況應該由誰負責，決定誰應該受到讚揚或責備。

第一單元：何謂隱私

　　這個單元有助於學生界定何謂隱私，了解隱私的重要性，辨識及描述不同
　　情況中一般被視為隱私的事項，並分辨有隱私和沒有隱私的情況。

第二單元：保有隱私行為不同的原因

　　這個單元有助於學生了解，造成個人隱私行為不同的因素或要素。學生學
　　到雖然所有文化當中都有隱私這個概念，但無論在單一文化中或不同文化
　　間，個人的隱私行為常有所差異。

第三單元：保有隱私的益處與代價

　　這個單元幫助學生了解保有隱私會產生某些結果，有些結果是利益，有些
　　則是代價。學生也會學到不同的人對於特定情況下隱私權是否應受到保
　　障，可能有不同的想法。

第四單元：隱私的範圍與限制

　　這個單元有助於學生明白身為公民必須面對許多重要議題，其中最重要的
　　一些議題與隱私的範圍和限制有關。我們會允許人們在哪些事情上保有隱
　　私？什麼時候隱私必須為了其他的價值而有所犧牲？

　　　民主的基礎系列課程雖然本質上是在講述概念，但實際卻是以學生的日常經驗為
基礎。這套課程的獨特之處，在於幫助學生了解他們的自身經驗與社會和政治大環境
之間的關係。

　　　這套課程在設計上可融入歷史、政府制度、其他社會科或包括語言學之一般人文
課程中。

序

　　「民主基礎系列」介紹構成憲政體制政府的四個概念：權威、隱私、責任與正義。讓我們明瞭這些概念，知道這些概念的重要性。

　　要了解政府據以建立的原則，當然並不是只懂得權威、隱私、責任與正義等概念就已經足夠，不過這幾個概念將有助於我們明白憲政民主與不自由社會間的重要差異。

　　我們將會學到民主社會的一些核心價值，我們必須付出一些代價，甚或承擔一些責任。我們也會知道，很多時候我們必須在相衝突的價值及利益之間做出困難的選擇。

　　我們將有機會針對運用權威與保護隱私的情況加以討論，也會有機會根據不同的情況，決定應該如何履行責任和實踐公平正義。

　　我們會學到各種用以評估這些情況的做法和觀念，也就是本書所謂的「思考工具」。有了思考工具，我們在面臨權威、隱私、責任與正義的相關問題時，就能想得更清楚透徹，形成自己的立場，並提出支持自己立場的理由。

　　我們所習得的知識和技能，將有助於我們面對日常生活中，絕大多數的情況。而藉由獨立思考，做出自己的結論，以及為此立場來辯護，我們就能在自由的社會中扮演更有用、更主動的公民角色。

Authority 認識權威

目錄 Table Contents

課程簡介

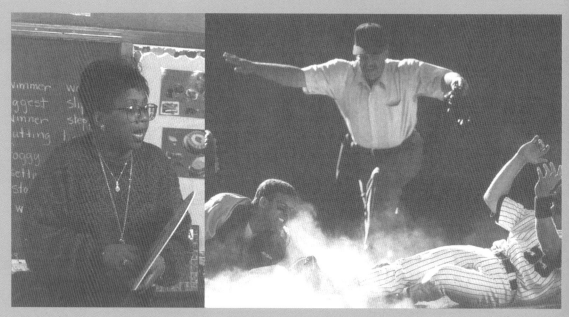

　　請想想，在一天裡做的許多事情中，有多少次我們去做，或是不去做某些事情，是因為「規則」或「法律」的關係？

　　例如，同學們是不是會等綠燈亮了之後才過馬路？在我們的生活中是不是有些「規則」，無論在家裡或在學校中都必須遵守的呢？

　　有多少次我們之所以去做某件事，是因為有人要我們去做？例如，父母規定我們要先做完某件事，才能打電話給朋友或是才能出去玩？一整天之中，還有什麼事情是大人要我們去做或不去做的？

　　「規則」和「法律」都是一種「權威」。還有另一種「權威」，就是當有人「有權」叫我們去做什麼事情，或者不准我們做什麼事情的時候，這個人就是在運用「權威」。

　　即使同學們以前沒有用過「權威」一詞，但大致上也已經知道這個觀念。從出生到現在，我們的生活中一直有很多的「規則」，而且總是有許多人會告訴我們應該去做這個、不可以去做那個，我們的父母、祖父母或其他人都常常如此。

　　想想看，假如世界上沒有「規則」，也沒有擁有「權威」的人，可能會發生什麼事？大家的生活會有什麼不一樣？而一個人為什麼可以「有權」指揮別人做事？一個人應該「有權」到什麼樣的程度才適當？這些都是不太容易回答的問題。這項課程就是要帶領同學們一起學習這些關於「權威」的問題。

UNIT 1
第一單元：何謂權威

● 這些插圖中有哪些關於「權威」的例子？

單元目標

　　這個單元介紹的主題是「權威」。同學們會學到「權威」和「沒有權威的權力」各自代表的意義。

　　為什麼有的人「有權」指揮其他人做事？同學們會了解到，這些人是如何才能得到這種權利的。知道權威的來源，能幫助我們判斷什麼時候某個人是在運用權威，而什麼時候某個人是沒有權威，卻使用了權力。適當地使用權威，有助於預防或者解決在家裡、學校或社區中發生的問題。

　　這個單元的課程有助於同學們更清楚地了解關於「權威」的問題。以下所探討的是三個重要的「權威」問題：
　　1.「權威」與「沒有權威的權力」之間有什麼不同？
　　2. 某個人能擁有「權威」的來源是什麼？
　　3. 團體社會中為什麼需要「權威」？

▌第一課　權威與沒有權威的權力

本課目標

　　要了解權威（authority），就必須先了解「權力」（power）的概念。在這一課中，同學們會學到「權力」這個觀念，以及人們如何使用「權力」。我們也會學到有時侯人們有權利告訴其他人應該做些什麼；有時侯卻沒有這種權利。

　　上完這一課，同學們應該能夠判斷：什麼時侯某個人是依照自己的意思做事，什麼時侯又是聽從別人的意思去做事。同學們也應該可以舉例說明，什麼時侯某一個人在運用權威，而什麼時侯則是在「沒有權威」的情況下使用權力。

本課 新名詞

權威（authority）　　權力（power）

學習重點1

何謂權力

　　有時侯我們是自行決定要去做某件事，沒有人告訴我們要這麼做；有時侯我們則是因為聽從了他人的吩咐而去做某件事。假如有一個人讓另一個人做了某件事，這個人就是在「使用權力」。

權力
控制或影響他人
的能力。

解決問題

分辨哪些人在使用權力

同學們先閱讀以下的六種情況，然後分組討論進行活動，練習判斷哪些人是自主行事，還是受到某人的權力所影響？接著，並繼續回答《運用所學技巧》提出的問題。大家可以利用第6頁「誰在使用權力？」的表格來幫忙回答這些問題。

1 小傑決定放學後去游泳。

2 卡洛的媽媽要他在吃完東西後，再過一個小時才能去游泳。

3 譚雅沒辦法看籃球賽，因為她的弟弟一直轉台。

4 傑里給在街上彈吉他的人30元。

5 小李把錢包交給了一個外套裡面好像藏著槍的男人。

● 這個人的舉動是自己決定的，還是有人要他這麼做？

6 為了省電，市議會規定葛梅夫婦和其他所有店家，在黑夜來臨前就要停止營業。

● 這些人是自主行事，還是有人告訴他們該怎麼做？

運用所學技巧

誰在使用權力？		
人物	自主行事	行動受到他人權力的影響
1.小傑		
2.卡洛		
3.譚雅		
4.傑里		
5.小李		
6.葛梅夫婦		

1. 誰的行動是完全由自己決定？
2. 誰的行動是受到別人權力的影響？
3. 卡洛和譚雅這二種情況中「使用權力」的方式，有什麼不同？
4. 小李和葛梅夫婦這二種情況中「使用權力」的方式，有哪些不同點？
5. 「運用權威」和在「沒有權威的情況下使用權力」，兩者之間可能有什麼差別？

● 這位老師是在「運用權威」，還是在「沒有權威的情況下使用權力」？為什麼？

學習重點2

何謂權威

　　同學們已經學到當有人指揮別人做事，而別人也照著做，就表示這個人使用了權力。

　　若某個人有權利在某些情況下告訴別人應該做什麼事，就表示他擁有權威。**權威是使用權力來影響或控制別人的行為的權利。**

☑ 父母有權利吩咐自己的孩子做某些事情。
☑ 老師有權利分派家庭作業給學生做。
☑ 市議會有權利制定該地區的法律。

> **權威**
>
> 使用權力來影響或控制他人行為的權利（rights）。

　　若有人命令別人做事，但其實他並沒有這樣的權利，這個人是在**沒有權威的情況下使用權力。**

☑ 社區裡的惡霸脅迫其他的小孩離開遊樂場。他雖然使用權力，卻沒有權利這麼做。

☑ 強盜持槍搶劫。他們是在使用權力，卻沒有權利這麼做。

●誰在「運用權威」？又是誰「沒有權威的情況下使用權力」？

解決問題

分辨哪些人擁有權威

　　以下的故事，是描述我們日常生活中常見的「權威」和「沒有權威卻使用權力」的情況。請同學們在閱讀的時候，試著判斷故事中的哪個人是在「使用權力」？誰在「運用權威」？誰在「沒有權威的情況下使用權力」？讀完這個故事，請同學分成兩人一組，一起回答《運用所學技巧》單元的問題。

幫忙還是傷害？

莎拉和羅伊的父母是他們住家公寓的管理員。有天晚上，羅伊的父親說：「孩子們，我們走吧！工作的時間到了。羅伊，你負責打掃一樓的走道；我負責二樓；莎拉，你去倒垃圾。」

工作完畢後，羅伊對姊姊說：「假如妳不幫我寫數學作業，我明天就不跟妳一起去上學。」

莎拉回答：「你明知道我討厭一個人上學。我真該把你剛剛說的話跟老爸講，但我不想這麼做。我會幫你。」

●羅伊和莎拉的父親是「運用權威」，還是「沒有權威而使用權力」？為什麼？

隔天在學校上課時，金老師說：「羅伊，請到前面來做黑板上的第一到五題。露比，你做第六到十題。」

當羅伊和露比在做黑板上的問題時，露比小聲地說：「讓我抄你的答案。如果你不答應，放學後就走著瞧！」羅伊很害怕，所以把他的作業偷偷塞給露比。

●露比是在「運用權威」，還是在「沒有權威的情況下行使權力」？為什麼？

運用所學技巧

1. 請指出並說明故事中，哪些情況是有人「使用權力」？
2. 請指出並說明故事中，哪些情況是有人「運用權威」？
3. 請指出並說明故事中，哪些情況是有人「沒有權威而在使用權力」？
4. 「權威」與「沒有權威的權力」是不一樣的，為什麼分辨兩者之間的不同很重要？

活用所知

1. 請學生創作三幅關於自己的畫。在第一幅畫中，畫出自己「自行決定做某件事」；第二幅則畫「有人在沒有權威的情況下使用權力」，命令你去做事；至於第三幅畫，則畫出「某人行使權威，告訴你該做的事」。並請學生在創作第二幅和第三幅畫時，寫下為什麼你會依照那些人的吩咐去做事的理由。

2. 請學生記錄一天之中在學校裡或在電視上看到、或是從報章雜誌上讀到有關「權威」和「沒有權威而使用權力」的例子，請學生保管好這份記錄表，在下次上課的時候與其他同學分享。

MEMO

第二課　權威的來源

本課目標

　　一個人要如何才能獲得指揮別人做事的權利？我們在日常生活中常常會遇到這個問題。藉由這一課，同學們會學到如何回答這個問題，同時也會認識幾種獲得權威的方式。

　　上完這一課，同學們應該對權威的來源會有清楚的概念，也必須能辨別並說明某些特定人士的權威的從哪裡來。

本課新名詞

同意　文化傳統　道德規範　部落會議

學習重點

權威的來源

　　我們可以在哪裡發現權威的例子？同學們可以研究人們所擔任的職位和角色，例如：警察、老師、法官；也可以觀察團體或機構，比方說教育委員會、市議會或是國會。

　　個人或機關團體如何才能獲得權威呢？他們為什麼會擁有指揮別人該怎麼做的權利？警察或法院的法官是從哪裡得到權威的？

● 為什麼父母有權威吩咐自己的孩子在幾點鐘以前回家？

■ 文化傳統：有些權威來自於文化傳統。

文化傳統是某個特定團體或社會做事情的方式。因為這些做事情的方式，已經被運用了很長的一段時間，所以在這個社會之中的每個人都接受這樣的方式。

例如：當父母要求兒女幫忙分擔家事，他們的這項權威就是來自於文化傳統。長久以來，大家都贊同父母有權利分配家事給孩子做。

■ 規則與法律：有些權威來自規則與法律。

有權威制定法規的人會訂出規則和法律，這些規則和法律規定了大家能做和不能做的事情。有些規則同時也是法律。

● 布朗從哪裡得到可以指揮其他學生的權威？

例1：法律和文化傳統賦予父母或監護人權威。法律給父母或監護人權利來決定許多關於子女的事，包括應該住在哪裡。

例2：法律給了老師權利，來告訴學生什麼該做，什麼不該做。像是法律賦予金老師權威，讓他來維持一個安全又有秩序的教室環境。

例3：學校校長給了操場管理員布朗一項權利，讓她確保學生會在飲水機前排隊喝水，並在操場上玩得安全。

■ 道德規範：有些權威是來自個人的道德觀念。

所謂的道德觀，是指一個人對於事情「對和錯」的信念，道德觀會影響或控制一個人在某些情況中的行為表現。通常一個人的所作所為，如果違背了自己的道德觀念時，就會產生罪惡感。

例1：有些人總是帶著尊敬的態度待人，因為他們相信這麼做是對的。

例2：有些人不會去嘲笑他人，因為他們相信那樣會傷害到別人。

● 人們為什麼會同意給予其他人權利，讓他們能在某些情況下指揮自己做事？

● 總統的權威是怎麼來的？

■ 同意：有時人們會選擇讓某個人或某些人擁有權威，大家贊成或同意賦予某個人權利，讓這個人能在特殊情境下指揮大家該怎麼做。

例如：孩子們在一群同伴裡，選出其中一人在遊戲時擔任隊長。大家同意讓隊長在遊戲時，可以指揮大家該怎麼做，也就是同意讓隊長擁有權威。但是當遊戲結束，隊長就不再有權威。

在我們的鄰里、縣市和國家政府中擁有權威的人，同樣也是經由人民的同意而得到他們的權威。

例如：人們選舉所居住地區的行政首長，像是市長或縣長；還有選舉總統。當這些官員沒有在政府機關擔任職務時，也就沒有先前因為職位而擁有的權威了。

人們為了保護自己的安全，或維護秩序與公正，有時會同意別人在特定情境下擁有權威。當情境改變後，那些人就不再擁有指揮他人做事的權利。如果某人濫用自己的權威，大家也有權利收回他們的「同意」。

例1：假設紅綠燈壞掉了，可能會有熱心人士站到馬路中間指揮交通，這時所有行經這個路段的駕駛人都會遵照那個人的指揮，但是一旦紅綠燈修好了，大家就不會繼續聽從他的指揮了。

例2：如果姊姊總是很照顧你，你可能同意聽她的話，即使你與她的意見並不相同。但是，如果姊姊老是欺負你或威脅你，你可能會跑去跟爸媽抱怨，而不會她說什麼你就做什麼。

● 你是否曾經收回讓某人擁有權威的「同意」呢？

還有，人們同意遵守規則和法律，是因為這些法規是由在社區、縣市政府或中央政府裡的民意代表所制定的。

找出並說明權威的來源

　　請閱讀以下的故事，然後分組討論回答《運用所學技巧》的問題，並請運用在這一課所學到的概念。

羅素與紅鷹

● 篷車隊隊長的權威是如何產生的？為什麼大家同意賦予篷車隊隊長權威？

　　在西元1800年代早期，多數美國人都在美國的東岸生活。隨著時光流逝，許多人決定向西方遷徙，去追尋更好的生活。這些往西方遷移的拓荒者乘坐篷車，踏上漫長而又艱困的旅程。

來自四面八方的拓荒者匯聚在密蘇里州的獨立鎮，共同組成了篷車隊，藉由一起旅行，大家可以在漫長的旅途中互相幫忙、互相保護。

1845年，強森與羅素兩家人乘坐兩輛篷車離開了肯塔基州，在抵達獨立鎮後，他們與另外三個家庭相遇，共同組成篷車隊，一起向加州出發。

每個篷車隊都會制定自己的規則，而隊伍中的每個成員都必須遵守這些規則。他們選出一人擔任領袖，也就是篷車隊的隊長，負責執行規則，每個篷車隊都會有一名隊長。強森家和羅素家的這個篷車隊很幸運，因為羅素先生曾經去過加州，他知道路線。在短暫的會議之後，這五家人選擇由羅素先生來領導他們。

羅素先生了解擔任篷車隊的隊長責任重大。隊長在需要時可以請人當他的助理，在團隊中協助他執行規則，並維持秩序和安全。經過仔細考慮後，羅素選擇了艾咪當他的助理。艾咪擅長騎馬，也很懂得如何和別人相處。她面臨的第一個大考驗，就是讓年輕好動的威利好好待在篷車隊裡頭，跟其他人在一起。威利一心想要離開隊伍，單獨行動去設置抓兔子的陷阱。威利解釋，他擔心整個旅程中都必須靠著吃豆子來果腹。

●部落會議領袖的權威是怎麼來的？

羅素先生計畫帶領篷車隊穿越美國原住民夏安族所居住的大平原。在1700年之前，夏安族就已在那兒耕作、狩獵、採集植物及製作陶器，但是大約在1800年代初期，他們放棄了農耕，改以獵捕野牛做為主食。在過去數年中，夏安族看著許許多多的拓荒者穿過他們的狩獵區和聖地。

部落會議

原住民部落中，負責治理部落的機構。

朝著西方遷移的人數至1845年時更是逐年增加。這些人為夏安族帶來了許多問題。由於狩獵的人愈來愈多，導致野牛群愈來愈少。有些拓荒者並不尊重原住民在這塊土地上的任何權利；還有些家庭甚至若無其事的就自行決定在夏安族的土地上定居。

夏安族一向是由部落會議負責治理部落各項事務。部落會議可以制定規則，並為部落做重要的決策。部落會議決定夏安族需要有人負責出面跟拓荒者的領袖好好談談，向他們當面說明所發生的問題，並想辦法解決問題。根據傳統，這個角色必須由部落會議的一位長老來擔任。

後來，部落會議選出了紅鷹負責與拓荒者領袖商談。紅鷹不但會說英語，同時也在夏安族與其他部落的領導人開會時，擔任夏安族的發言人。

紅鷹認為，在與拓荒者談判時，應該要有更多的人代表夏安族說話，所以他選了旭日當他的助手，因為旭日是一位很有智慧的人。部落會議同意讓旭日協助紅鷹，旭日得提醒長老遵守部落精神信條的重要性，他的加入對部落會議也有很大的幫助。

運用所學技巧

1. 這個故事中，哪個人或哪些人擁有權威？
2. 這些人或團體如何獲得他們的權威？
3. 為什麼大家會同意給予其他人權威？
4. 列出一些你所知道擔任權威職位的人，並說明這些人的權威是如何產生的？
5. 為什麼知道一個人或一個團體的權威來源很重要？

活用所知

1. 找一篇有關某人運用權威的報導。然後寫下你的看法，並簡短說明這個人的權威來源。你可以製作表格，列出一個或一個以上的權威來源。

2. 訪問一位擁有權威的人，像是父親、母親、老師、校長、警察、導護義工或某團隊的隊長或團長，說明他是如何取得指揮其他人的權利。

MEMO

LESSON3

第三課　我們為什麼需要權威

本課目標

為什麼會有規則和法律的存在？為什麼我們要賦予他人權威？這一課要幫助大家探索這些問題的答案。同學們會學到如果沒有權威，班級、學校和社區可能會變成什麼模樣。

上完這一課，同學們應該能夠舉出沒有權威可能造成的一些問題，也應該能說明如何運用權威來解決問題。

本課新名詞　社會

沒有權威的結果

以下是描寫一位很喜歡看書，名叫梅根的女孩所發生的故事。梅根每次一看故事書，就會忘記身邊的一切。有一回，梅根讀了一個發生在凱倫尼亞這個地方的故事。凱倫尼亞是個沒有規則的地方，也沒有任何人可以指揮其他人做事。有天晚上，梅根看書看到一半睡著了，她夢到自己跑進了故事裡。

「晚安梅根」的故事可以讓同學們思考：如果日常生活中完全沒有權威，可能會發生什麼問題。以下是故事的第一章，同學還會在其他單元中讀到後續的故事。

請同學們分組，一同仔細研究故事內容，再回答《仔細想想》的問題。

晚安梅根(一)

梅根不管到哪裡，都有人會指揮她做事！在上學的途中，導護老師要她等大家一起過馬路，等了好久，結果卻害她進教室時遲到。然後，她的導師又要她放學以後留下來。當她正準備急急忙忙趕去上小提琴課時，校長又因為看到她在走廊上奔跑而叫住她，訓斥了她一頓。

那天晚上，梅根和弟弟吵了一架，媽媽叫他們兩人提早上床睡覺。這時，梅根終於感覺到自己安全了！

她躺在床上開始看書，這本書的故事是發生在一個叫做凱倫尼亞的地方。梅根試著專心看書，可是白天發生的事一直浮現在她的腦海中。梅根覺得愈來愈睏，最後慢慢進入夢鄉。在夢中，凱倫尼亞變成一個沒有規則、沒有法律，也沒有人會告訴其他人該做什麼事的地方。

凱倫尼亞沒有學校，也沒有規則，一個人可以從補給站拿走多少漫畫書或錄影帶完全沒有限制，所以梅根就把這些東西全部都拿走了！

比利挖走十球的巧克力冰淇淋，梅根最喜歡這種冰淇淋。比利挖完後，冰淇淋桶就空了，其他人都吃不到！

●一個地方若是沒有權威，可能會發生哪些事？

LESSON3

　　梅根在凱倫尼亞四處閒逛，她發現這個地方到處都有堆積如山的垃圾。每當有人意見不合時，他們就大打出手。還有一些人沒有經過審判就被關進牢裡。過馬路是件很危險的事，因為每個地方的車子都超速。當梅根穿越驚險萬分的車陣終於回到家裡時，卻發現有人偷走了她所有的錄影帶和漫畫書！

仔細想想

1. 故事中有誰在「運用權威」？有人在「沒有權威的情況下使用權力」嗎？
2. 凱倫尼亞的人應該遵守什麼規則或法律？
3. 梅根在凱倫尼亞時，有好事發生在她身上嗎？
4. 在凱倫尼亞，沒有權威造成了哪些問題？
5. 你認為權威有助於預防凱倫尼亞所發生的問題嗎？

社會

共同生活和共同行動
的一群人

學習重點

如何將權威應用在社會中

　　從凱倫尼亞的故事，我們可以看到如果沒有某種程度的權威，與其他人共同生活，可能會變成一件很困難的事情。在權威的幫助之下，我們才能做到下列事情：

■ 確保秩序、保障和安全：
規則讓我們的生活變得
更有秩序、有保障和更安
全。

　例如：家裡有一定的規矩，
　　　　像是廚房的每樣東
　　　　西都應該放在適當
　　　　的位置，在上床睡
　　　　覺以前，應該檢查
　　　　所有的門窗。

●在這種情況下，權威要如何才能保護人們的身體和財產的安全？

■ 保護我們的財產：法律能保護我們的財產，免於被他人竊取或蓄意毀損。

例如：假設沒有法律規定不能偷東西，那麼任何人都可以跑到我們的家裡，拿走他們想要的每樣東西。

■ 和平、公正的解決爭端：法律、規則，以及執行法律規則的人，能幫助人們和平地、公正地解決爭端。

例如：在打棒球的時候，會有裁判在比賽中負責判定比賽的狀況，並解決球隊之間的爭執。

■ 確保眾人需要或想要的東西，或必須做的事情，都能夠公平地分配或分享：規則能確保人們以公平的方式分享利益、分擔責任。

例如：假設沒有規則，可能有些人總是得做最困難的工作，有些人卻可以得到輕鬆的工作，或甚至完全不用做事。

● 權威要怎麼幫助這些人公平地分配每個人的責任？

■ 保障重要的自由：憲法中對於基本人權的保障，保障每個人的基本權利，像是隱私權利的保障，以及得到公平審判的權利保障。

例如：假使有人控告你拿了不屬於你的東西，法律能讓你得到公平的審判，而且法官會聆聽你的說法。

● 在這種情況下，權威要如何才能保障一個人的自由？

運用權威解決新電腦教室的問題

　　請同學們閱讀「新電腦教室」的故事，與同學分組回答《運用所學技巧》的問題，請利用課本第26頁「運用權威解決問題」的表格來回答。

新電腦教室

　　平安國小沒有任何電腦可以提供給學生使用。葛校長了解電腦可以幫助學生學習，所以學校裡有電腦是很重要的。有一回，當地一家企業贈送十五台全新的電腦給學校，葛校長非常高興，馬上搬了電腦桌和書架到一間空教室，把電腦組裝在那裡，然後設了一個非常醒目的招牌：「平安國小電腦教室」。

● 我們如何運用權威來預防學校電腦教室可能發生的問題？

　　老師把學生們分成幾個小組，讓他們可以輪流到電腦教室使用新的數學、閱讀和歷史類等電腦軟體及光碟。學生們想要使用哪些軟體或光碟，只要直接從書架上拿下來就好了。使用完畢後，大家應該把東西放回原處，但有時候，有些學生會把光碟帶回家去。

　　就在放寒假前，葛校長必須決定應該怎麼處理電腦教室發生的問題。她發現很多軟體都不見了，有的光碟片則是找了很久才找到，因為沒有人把它們放回原處。此外，有些學生會坐在電腦前面很長一段時間，並拒絕讓其他的同學使用電腦，所以，電腦教室裡常常有人因此而爭吵。有些學生則不准其他同學在電腦教室裡說話，只因為這些人的想法跟自己不一樣。慢慢的，爭吵變成打架，有的學生因此而受傷。電腦教室每天都顯得十分混亂，因為沒有人在離開電腦教室前稍微整理一下自己製造的髒亂。葛校長甚至還發現電腦教室裡有好幾張椅子都損壞了。

　　於是，葛校長決定關閉電腦教室，直到她找到解決問題的方法之後再開放。對許多平安國小的學生來說，那真是令人難過的一天。

活用所知

1. 用你自己的經驗寫一則短篇故事，描述是否曾經希望擁有權威的人能助你一臂之力？與班上同學分享你的故事。
   請同學想想看故事中發生的問題跟「運用權威解決問題」表格中的問題類型有沒有關係？請大家提出意見，看看應該如何運用權威來解決問題。

2. 訪問一位青少年或成人，請問他有沒有曾經因為沒有規則、法律或權威人士可以協助他們而遭遇到的問題。找出他最後怎麼解決問題，並向班上同學報告你的訪談結果。

3. 從報紙雜誌或網路上找找看有沒有關於有權威的人、規則或法律，解決社區問題的文章或報導。將你找到的文章貼在班上的「權威布告欄」上。

LESSON3

運用權威解決問題		
問題類型	例子	解決辦法
1.缺乏秩序和安全		
2.缺乏對財產的保護		
3. 沒有辦法和平、公正的解決爭端		
4. 大家需要或想要的東西，或必須做的事情分配不公平		
5.缺乏對重要自由的保障		

1. 新電腦教室發生了什麼問題？
2. 這些問題有哪些解決辦法？

MEMO

▎第四課 運用權威解決社區的問題（一）

本課目標

　　沒有權威常常會發生問題。在這一課中，同學們要思考規則、法律和有權威的人，可以用什麼方式協助人們解決這些問題。

　　上完這一課，同學們應該能夠在面對和權威相關的問題時，知道自己該採取什麼立場，並能夠為自己的立場辯護。

本課新名詞

　權威職位　拖網　鎮民會議

參加鎮民會議

評估運用權威解決問題，並為你所採取的立場提出辯護

　　現在全班同學即將參與模擬鎮民會議並應用先前所學的權威概念，練習怎麼解決社區的問題。

　　請大家先閱讀「拖網船來到哈汀鎮」的故事，然後在班上召開模擬鎮民會議。同學們將會扮演哈汀鎮鎮民的角色，每位鎮民都很關心鎮上所發生的事情。在會議中，每個人（包括拖網船船長）都能參與問題討論，並研究有什麼方法可以解決問題。

鎮民會議

某個鄉鎮的居民，為了討論和解決自己社區的問題而召開的會議。

拖網船來到哈汀鎮

哈汀鎮是個靠海的小鎮,鎮上居民只有幾千人。小鎮的居民就跟他們的祖先一樣,幾乎人人都靠海維生。

哈汀鎮中心只有幾間低矮的建築,分散在靠近港口的道路兩旁。鎮上有一間銀行、一間美容院兼理髮廳、一間百貨行、一間漁獲處理廠和幾家餐廳。銀行和店家的服務對象主要是住在哈汀鎮和附近地區的家庭。

拖網

用很長的漁網拖過海底來捕魚。

● 這個海岸社區的居民,要怎麼運用權威來解決或避免發生問題?

大約十年前,幾艘屬於一家國營冷凍食品公司的大型拖網船,開始在哈汀鎮外的水域捕魚。這些船進行拖網的區域,正是當地居民捕魚的地方。

大部分店家都很高興,這些新來的人群為這個區域帶來他們迫切需要的商機。新來的人還會談論他們環遊世界的故事,讓小鎮生活變得比較豐富有趣。

　　但是，拖網船也帶來了一些問題。當地漁民必須特別小心，才能確保這些大船不會撞上他們的小漁船。同時哈汀鎮出現了一大堆的陌生人，鎮民從此再也不能不鎖好自家門窗，而這在以前從來不是個問題。還有，鎮上許多男孩女孩不再像以往常參加學校裡的活動，反而把空閒時間花在聽這些拖網人講故事上。

　　最糟的是，當地工廠處理的漁獲數量愈來愈少，拖網船把他們捕到的每條魚都送到公司的冷凍船上了。

　　哈汀鎮的居民彼此間無法再像以往一般和睦的相處，尤其是當地漁民和店家之間。大家都很清楚，應該採取行動來改善這些情況。

●居民可以透過哪些方式參與鎮民會議？

準備參加鎮民會議（一）：參與鎮民會議的各組成員及立場

老師會將班上同學分成幾個小組，其中一組擔任鎮長和其他民選官員，其他各組負責扮演不同的角色，必須從自己那一組角色的立場提出看法。

■ 第一組：鎮長和其他民選官員

你們這組負責主持鎮民會議，邀請其他組發表意見，要求大家思考這些人的建議是不是合理。如果有任何人的建議可能損害到其他人的權利，你們也應該提出來。

■ 第二組：店家協會

這一組認為新來的人群會到你們店裡購物，讓你們賺很多錢。你們認為當地靠捕魚維生的人們應該給拖網人一個機會，讓他們適應哈汀鎮的生活方式。

■ 第三組：當地漁民

你們這一組為了很多事情感到生氣。你們認為拖網船正在破壞屬於大家的漁場，附近水域遭到過度捕撈，整個生態環境都改變了。

■ 第四組：拖網人

你們這一組為了有些哈汀鎮的鎮民無法適應改變而感到難過。你們願意花時間和年輕人相處，而且想要成為社區的一份子。

■ 第五組：家庭

你們這一組很關心鎮上發生的改變。你們不喜歡必須習慣要隨時鎖門，以及得注意青少年的行蹤這種不安全的感覺，也不同意因為新來的人消費能力強，連當地原本的居民買東西也要跟著付出比較高的價錢。

準備參加鎮民會議（二）：各組職責以及事前準備

每一組都應該針對下列事項進行討論：

● 哈汀鎮發生的哪些問題跟你這一組最相關？
● 哪些規則或法律可能有利於解決問題？
● 設立哪一種或哪些權威職位可能有助於解決問題？

每一組必須同時進行下列各項工作：

　　各組都應該準備一篇簡短的報告，在鎮民大會上發表。報告內容應該包括以下重點：

● 以你這一組的角色立場認為最嚴重的問題是什麼？
● 為了解決問題而提出的建議，包括：
　　（1）二或三項法律條文，讓鎮民可以投票決定要不要採用
　　（2）舉出一或二個可以派上用場的權威職位

權威職位

一份能賦予他人權利來做決定和指揮別人做事的工作，也就是一個擁有「權威」的職位。

　　各組在討論時必須注意確定自己的建議或提議的規定，不會侵犯鎮民或拖網人的權利。

參與鎮民會議的進行程序

　　會議主席宣佈會議開始，首先請各組輪流發表意見，然後讓有疑問的人提問。如果有人想在各組意見發表完之後發言，主席也要給這些人一些時間表示意見。

　　在各組發報告完畢後，所有參與鎮民會議的人必須進行討論，想想哪些提議可以嘗試付諸實行。

　　接著，所有參加鎮民會議的人們要投票做出以下決定：

● 哪些建議可以制定成法律
● 要設立哪些權威職位

討論活動

1. 你同意鎮民會議的決定嗎？請說明你的理由。
2. 對一個社區來說，你覺得鎮民會議是不是一種作決定的好方式？請說明你的理由。
3. 請試著說明，為什麼你提出的解決方案已尊重所有相關人士的權利和自由，即使你並不同意他們的立場。
4. 你的學校或社區有類似的問題嗎？如何運用權威來解決這些問題？

MEMO

UNIT 2

第二單元：評估權威職位的人選及規則和法律

● 在選班長的時候，應該考慮哪些事情？在決定一項規則是好是壞時，又該考慮些什麼？

單元目標

　　同學們有沒有聽過：「某位總統做得不錯」，或「我們當初真不應該選那個人當總統」諸如此類的評語？在選擇由誰擔任權威職位的時候，必須小心謹慎，因為他們可能會對我們的生活產生很大的影響。懂得好好運用權威的人可以使大家的生活更輕鬆如意，而濫用權威的人則可能為大家製造更多的問題。

　　在這個單元，同學們要學習如何選出合適的人來把工作做好，也會了解在選班長或其他擔任權威職位的人時，應該考量哪些步驟。

　　同學們有沒有聽人家說過：「我們真的很需要那項規定！」或「那項規定根本就不公平！」有些人認為，只要有規定就是好的，但事實並不一定如此。不論是法律或是規則都可能有缺陷。

　　制訂好的規則或法律並不容易。在這個單元，同學們要學習如何分辨一項規則或法律是好是壞，以及如何制訂好規則和改善的方法。

LESSON5

第五課　評估權威職位的人選

本課目標

在這一課，同學們要學習如何為某項權威職位選擇適合的人選，也要學習如何利用「思考工具」，來引導我們思考解決難題，並幫助我們決定誰最適合擔任某一項權威職位。

上完這一課，同學們應該能描述某項權威職位的職權、責任、特權和限制，也應該可以說明要擔任這個職位的人應該具備哪些資格。

本課新名詞

責任　職權　思考工具　特權　限制　資格

解決問題

分辨並探討故事中的權威職位

還記得「晚安梅根」的故事嗎？第二天晚上梅根上床準備睡覺前，又開始看書，很快的她墜入了夢鄉，回到凱倫尼亞。

在同學們閱讀以下故事後，請先分組，然後一起仔細討論內容，並回答後續問題。

晚安梅根（二）

　　雖然梅根很享受想做什麼就做什麼的自由，但是在凱倫尼亞生活真的是件困難的事。於是，梅根對鄰居表達她了的想法，大家一致認為他們有責任採取某種行動，讓凱倫尼亞成為一個更安全且令人愉快的地方。凱倫尼亞的居民們決定在危險的路口設置一個停止標誌。讓他們感到驚訝的是，這個標誌竟然真的發揮了作用！現在大家在過馬路時變得比較安全了。

● 為什麼在路口設置停止標誌是權威的表現？

　　大部分的人都很滿意設置路口停止標誌所帶來的結果。因此，梅根決定聚集所有凱倫尼亞的居民共同開會，她希望大家可以在會議中提出意見、集思廣義，以改善社區裡的其他問題。

　　梅根對大家說：「設置一個停止標誌並不能讓凱倫尼亞的所有問題都獲得改善，但是訂立一些規則或許可以派得上用場，說不定多制定出一些規則也可以避免發生爭端，並確保每個人都受到公平的對待。」

於是，參加會議的人們開始思考。有人提議規定一個人最多只能挖三球冰淇淋，另外也有人建議應該規定不要亂丟垃圾。接著，還有人發言：「如果有人不遵守這些規定時，怎麼辦？這表示我們需要更多規定嗎？」

梅根回答：「我們必須選出一些人來確保新規定能發揮作用。」

所以，大家開始投票。選出梁恩當警長，負責確定人們會守規矩。接著，他們又選出凱蒂擔任法官，在有人不遵守規定時，她有權利決定應該怎麼處理，凱蒂也負責協調凱倫尼亞居民之間的衝突。最後，大家又決定選出莫利、江恩和貝絲來組成一個議會，負責在需要的時候制定新的規定。

大多數的人對於會議的結果感到很滿意。不過，有些人開始不太高興了，他們說：「我們才正要享受想做什麼就做什麼的日子，就有人開始提到權威。」

梅根很滿意的自睡夢中醒來。

● 法官、警長和議會如何在這個社區運用權威？

仔細想想

1. 凱倫尼亞的居民選出誰來負責以下事項：
   - 執行規則
   - 處理衝突
   - 決定該怎麼處置違反規定的人
   - 制定新規則
2. 法官、警長和議會的議員應該擔負什麼責任？
3. 想要將這些職位的工作做好，這個人選應該具備哪些資格？
4. 在你所居住的社區或國家中，下列的事項是屬於哪些人的職責：
   - 執行規則和法律
   - 處理紛爭
   - 決定如何處置不遵守規則的人
   - 在需要的時候制定新的規則

學習重點1

為什麼我們應該知道如何選擇擔任權威職位的人

　　同學們可能都有過選舉某人擔任某個權威職位的經驗。在學校裡，我們選班級幹部、選活動的隊長，或者是投票決定由誰來擔任學生自治會的代表。

　　在我們每個人的一生之中，會有很多次的機會要選出適當的人來擔任權威職位。依據我們政府的組織方式，我們有權利選擇由什麼樣的人來領導我們。因此，知道怎麼選出適才適任的領導者是很重要的事。

- 在選擇某個人擔任權威職位時，應該考慮哪些事項？

第13任總統副總統選舉選舉公報

LESSON5

班長的責任與資格

在閱讀「班級選舉」的故事時，請同學們想想班長應該要負哪些責任？一個人需要具備什麼資格，才能成為一個好班長？請同學分組討論回答《運用所學技巧》的問題。

班級選舉

華老師班上的學生認為他們需要一個班長。凱莎提議，大家列出擔任班長應該有的責任和職權，然後舉行班級選舉。

● 在參與班級或學校的選舉時，我們有什麼責任？

小傑希望，班長能負責主持每週的班級會議。莉莉提議，由班長代表班上同學出席全校的學生會。華老師還希望由班長負責選出班上的風紀股長，而且如果風紀股長把工作做得很好，班長還要負責頒獎給他。路兒說，我建議班長

應該能夠免費參加學校的活動。

　　對於這些意見，班上所有學生都表示贊同。他們決定，就目前來說，這些責任和職權應該就夠了，以後如果有需要時還可以再增加。

　　學生們同時決定要限制班長的權力。他們認為在班長選出風紀股長的人選後，還是要由華老師做最後確認。他們也希望班長在主持班會時，能遵守現有的規定。

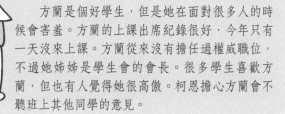

　　學生推選出三個人來競選這個職位，每個人都很努力的想讓自己最喜歡的候選人當選。有些學生製做宣傳海報，有些同學在全班面前發表演說，大家共同討論各候選人的優點和缺點。選舉當天，學生計算票數，當選的人是方蘭。

　　方蘭是個好學生，但是她在面對很多人的時候會害羞。方蘭的上課出席紀錄很好，今年只有一天沒來上課。方蘭從來沒有擔任過權威職位，不過她姊姊是學生會的會長。很多學生喜歡方蘭，但也有人覺得她很高傲。柯恩擔心方蘭會不聽班上其他同學的意見。

運用所學技巧

1. 班長有哪些責任、職權和特權？
2. 班長必須受到什麼限制？
3. 當個好班長，應該具備什麼資格？
4. 做為班長候選人，方蘭擁有什麼優勢？
5. 做為班長候選人，方蘭有哪些缺點？
6. 你認為方蘭可以當個好班長嗎？為什麼？

思考工具

能讓我們對某個問題或主題，思考得更清楚的一組問題和觀念。

學習重點2

評估權威職位人選的思考工具

　　水管工人在修理漏水的水管時，會從工具箱中選擇合適的工具來幫忙。

　　當我們在嘗試解決問題時，也應該提出合適的問題來幫助自己思考；這些能讓我們對某個問題或主題，思考得更清楚的一組問題和觀念被稱為「思考工具」。評估以下這些事項有助於我們選出合適的人選來擔任權威職位：

1. 是什麼職位？
   在決定一個人能不能做好工作之前，必須先了解這個人要擔任的是什麼職位。

2. 這個職位有哪些責任、職權、特權和限制？
   我們必須對這個職位有更清楚的認識。
   ☑ 這份工作要負擔哪些責任？
   ☑ 擔任這份工作的人會擁有哪些職權？
   ☑ 會得到什麼特權？
   ☑ 他的權威會受到什麼限制？

3. 一個人應該具備哪些資格才能勝任這個職位？
   我們應該思考一個人應該擁有什麼能力，才能把這份工作做好。
   ☑ 擔任權威職位的人應該要能公平對待每一個人、工作努力，而且誠實。

   同時我們也應該考慮一個人是不是需要哪些特殊本領，才能把這份工作做好。
   ☑ 像是法官應該懂得法律，教練應該了解比賽規則，消防隊員應該身體強壯。

   不同權威職位就會需要不同的資格。

責任

擔任權威職位的人
必須做的工作。

職權

擔任權威職位的人，
為了盡到他們的責任，
而可以做的事情。

特權

只有擔任權威職位的人
才可以做的事情。

限制

擔任權威職位的人
不可以做的事情。

資格

擔任權威職位的人，
想要把權威職位的工作
做好，而需要具備的
能力或技巧。

4. 在這個職位的候選名單中，這些人選各有哪些優點和缺點？

我們必須將每個人選的資格與這個職位的工作所要擔負的每項責任逐一做比較。

☑ 像是曾經有偷錢前科紀錄的人，就不適合擔任銀行經理的職位。

我們也應該就每位候選人本身來做比較。

☑ 像是何梭只有高中畢業，而柯林有大學學位而且讀的是教育系。因此，柯林比較適合擔任老師這項職位。

5. 誰最適合這項職位？為什麼？

對這項職位有清楚的了解，並比較各人選後，我們就能決定哪個人是這項職位最適當的人選，並能說明選擇這個人的原因。

如何評估權威職位的人選

現在，我們要練習並應用先前所學到有關權威的概念來解決新的問題。

以下幾個人準備競選市長。市長是市政府行政部門的領導人，負責的工作是編列預算、任命官員和提出法規草案，以及接受市議會的監督。我們該如何決定投票給誰呢？第45頁的「思考工具」能幫助大家評估候選人，請同學填寫「評估權威職位」的思考工具表格，然後說明自己選擇哪位候選人，並說明選擇的理由。

● 余珍女士

余珍女士已婚，有兩個都已經成年的小孩。她從出生到現在整整52年都住在這個城市中。過去8年她曾在市議會服務，大家給她的評語是既聰明又誠實。她是位專業會計師，在選上市議員以前，她曾經擔任調解委員方面的工作。

● **賀雨果先生**

賀雨果先生26歲，他在四年前因為應徵公園管理處的工作而來到這個城市。唸大學時他擔任籃球隊的隊長，在當兵的時候曾經榮獲英勇勳章。賀雨果在參加波斯灣戰爭期間受傷，因而失去了視力。他的精力充沛，想要為政府帶來新的氣象。他已經規劃好要如何在城市裡打擊犯罪，而且還和一些市政機構的領導人見過面。

活用所知

1. 訪問負責為權威職位決定人選的人。例如，負責僱用警察、老師、商店經理的人。請問他們在面試來應徵的人時，會考量哪些資格。

2. 閱讀一篇和你最喜歡的運動有關的報紙文章，了解這項運動教練的責任。說說看擔任教練職位的人應該具備哪些資格、能力和知識。

「評估權威職位人選」的思考工具	
1. 是什麼職位？	
2. 這個職位有哪些責任、職權、特權和限制？ 　a. 責任——擔任這個職位的人有哪些責任 　b. 職權——擔任這個職位的人有哪些職權 　c. 特權——擔任這個職位的人有哪些特權 　d. 限制——擔任這個職位的人在權力方面要受到哪些限制	
3. 一個人應該具備哪些資格才能勝任這個職位？	
4. 各候選人各有哪些優點和缺點？	
5. 誰最適合這個職位？為什麼？	

第六課　評估教練職位的人選

本課目標

　　同學們現在已經知道可以運用「思考工具」深入了解權威職位，並決定一個人是不是適合某項職位。這一課，我們會再次使用「思考工具」，來幫忙選出噴射隊的新教練。

　　上完這一課，同學們應該能夠說明自己如何作選擇。

本課新名詞

自願

參加評選委員會會議

如何評估教練人選

　　每年全國各地都有小孩加入課後的運動社團。許多家長自願利用空閒時間指導這些社團的成員，他們希望隊員們都能成為很好的運動員，學會分工合作和「運動家精神」，也期盼隊員們會變得更有責任感，也能夠享受運動的樂趣。當然，他們更希望自己的隊伍能在比賽中獲得勝利！

噴射隊選新教練

去年棒球比賽球季結束時，噴射隊的排名是最後一名，因為，他們在每一場比賽都輸球。這個球隊沒有固定的教練，每個禮拜都是由不同的家長來指導球隊練習。

噴射隊的負責人認為，或許聘請一位固定的教練會有助於球隊贏球。所以，噴射隊決定公開徵求能義務指導球隊的教練，請有興趣的人自願接下這份工作。最後，有五個人來報名。

噴射隊為此組成了一個評選委員會，這個委員會的責任是從這五位自願者中，選出一位最合適的人來擔任球隊的新教練。

自願

願意為某項活動付出自己的時間和精力，沒有領薪水，也沒有被要求要這麼做。

準備參加評選委員會會議（一）：分組並了解各組角色和立場

現在全班分成數個小組，其中一組是選拔委員會，其他組則扮演這項職位的候選人。

■ 第一組：評選委員會
你們這組應該做的工作如下：
- ☑ 從第45頁「評估權威職位人選」的思考工具第3個問題中，列出四或五個這項職位的特徵。
- ☑ 閱讀每位候選人的介紹。
- ☑ 準備幾個在和候選人面談時要提出的問題。
- ☑ 你可以請候選人說明他們自我介紹資料中的一些細節，也可以詢問他們若在指導隊伍時發生某個問題時會怎麼處理。

第二到六組：扮演教練候選人

■ 第二組：「左撇子」布萊克

　　布萊克先生40歲，他開了一家運動用品店。他和太太有三個小孩，分別是13歲的雅契、11歲的愛咪和9歲的亞倫。布萊克先生在大學時曾參加棒球隊，並擔任中外野手。布萊克先生的三個小孩全都參加棒球隊。「左撇子」去年沒有參與任何比賽的協助工作，因為當時他必須照顧自己的生意。他覺得今年自己的情況會有所不同。

■ 第三組：柯愛莉

　　柯愛莉今年26歲，是小學的體育老師。她沒有小孩。唸大學的時候，她是位很傑出的跑者，曾經入選奧林匹克運動會的代表隊。她的學生中，有人覺得她太過嚴格了。而幾乎每個認識她的人都認為她對所有的運動項目都非常了解。由於她的努力倡導，有些棒球隊才開始讓女孩子加入成為隊員。

■ 第四組：羅里卡

　　羅里卡是位退休的卡車司機，許多年前曾經發生過車禍，所以現在行動不方便。他和太太已經結婚35年了，他們的兩個女兒都已經成年。羅里卡年輕時曾經參加地方的壘球隊。現在他常常有機會就去看棒球賽，不但看電視的棒球比賽轉播，也會直接去球場看比賽。所有小孩都會和他談論他們最喜歡的大聯盟球員。他很清楚每位球員的紀錄，而且總是愉快的面帶笑容。

■ 第五組:「火球」方蘭妮

　　33歲的方蘭妮,有三個年紀都還小的孩子。她曾經是明星球員,參加某個女子棒球隊到全國各地比賽;大家說「火球」可以投出讓打者幾乎看不到的超級快速球。在方蘭妮還是女子棒球隊球員的最後幾年,她負責管理球隊,並擔任每場比賽的投手。現在方蘭妮大部分的時間都花在照顧她剛出生的小寶寶,她也想參加一些外界的活動。

■ 第六組:戴文波

　　戴文波42歲,是噴射隊中最佳球員戴里奇的父親。戴文波是位化學家,他在嘗試解決問題的時候態度非常嚴謹,平時非常關心噴射隊的訓練方式。里奇每個週末都和父親在公園裡打棒球,有時戴文波會教里奇新東西,那時他們就會待得很晚。比賽時,戴文波常常對裁判大吼大叫。

準備參加評選委員會會議(二):各組職責以及事前準備

　　每一組都應該回答「評估權威職位人選」思考工具表中的第1~3個問題。評選委員會應該做到下列事項:

● 選出一位同學擔任主席主持會議。
● 對其他組說明你們列出這項權威職位的重要特點。

　　扮演候選人角色的第二至六組應該做的事情如下:

● 閱讀候選人的角色介紹,然後決定其優點和缺點。
● 推選一位同學扮演這名候選人,在評選委員會議中發表一篇簡短的演說。
● 加強候選人的演說內容,提出委員會應該選擇他的理由。
● 準備幫助你們的候選人回答評選委員會的問題。

參加評選委員會會議的進行程序

　　評選委員會的主席宣佈會議開始。主席接著應該請各候選人簡短自我介紹。在聽過每位候選人的介紹後，主席應該給其他成員向候選人提出問題的機會。評選委員會在聽完所有候選人的介紹後，應該採取下列步驟：

- 討論每個候選人的優、缺點。
- 決定哪位候選人最適合這份工作。
- 向班上同學說明他們做出這項決定的理由。

討論活動

1. 你同意評選委員會的決定嗎？為什麼？
2. 如果你不同意，你會選誰擔任教練？理由是什麼？
3. 在選擇某人擔任權威職位時，為什麼需要考慮候選人的想法和觀念？
4. 現在球隊有了新教練，球員、家長或球賽觀眾有什麼責任？

MEMO

LESSON7

第七課　評估規則和法律

本課目標

同學們已經知道規則和法律可以保護眾人和他們的財產，讓人們相互尊重，和平地生活在一起。

然而，並不是每項規則或法律，都是好的或都是有用的。在這一課中，我們會學到如何檢視規則和法律，分辨這些法規的好壞或者是否有用，也會學到如何修改這些法規，讓這些規定變得更加完善。

上完這一課，同學們應該要懂得如何評估規則和法律，也能夠制定新的法規。

本課新名詞

公職

誰來負責制定規則或法律

有時候，賦予某些人指揮別人的權利有很大的好處。人們運用這種權威的方式之一，就是制定法律或規則，讓大家知道在什麼樣的情況下，應該有什麼樣的行為。

☑ 父母有權利訂立家規，這些規矩能讓他們的孩子既安全又健康。

● 這位母親可能會定下哪些規矩，來保護孩子的安全？

☑ 學校老師和校長有權利制定規則，這些規則能夠讓學生獲得良好的教育，並且維護他們在校時的安全。

公職

代表政府的權威職位，一個人必須要被選任或受到任命才能擔任。

● 為什麼在玩遊戲時，規則是很重要的？

☑ 孩子們會訂立規則，尤其在他們玩遊戲的時候。這些規則能讓遊戲更有趣，也能使大家和睦相處。

☑ 由我們所選出擔任公職的人，有權利制定法律，這些法律能保護我們的權利、確保安全與秩序，並改善我們的生活品質。

運用所學技巧

1. 有哪些人是藉由制定規則和法律的方式，來「運用權威」？
2. 這些人可能制定出哪些規則或法律？
3. 這些人制定出上述的這些規則和法律，是基於什麼理由？

LESSON7

學習重點2

評估規則與法律的思考工具

我們要學習運用一組問題，也就是「思考工具」，來協助我們判斷規則或法律的好壞或是否有用。同學們可以利用這些工具來評估規則和法律。

以下每個例子之中，都包含了一個問題和一項解決問題的規則或法律。請同學們分組研討每項規則，然後回答第55頁「評估規則與法律」的思考工具表的問題。

1 艾老師對於每天總是有些學生上學遲到這個情況很不高興，所以他訂了一項規定：「任何人如果上學遲到，接下來的一個月內，每天放學後他都必須留校兩個小時。」

2 由於國家發生許多問題，總統提議制定一條：「所有人都必須守規矩。」的新法律。

● 如何分辨一項規則是好是壞？

3 有些小學一年級的學生老是在上課時間離開座位，打擾到班上其他同學。譚老師是一年級的導師，於是他向班上學生宣佈：「在我沒有說可以之前，大家都不准隨意走動。」

4 因為操場太小，無法讓全校同學同時使用。所以校長就訂了一項規定：「男生只能在禮拜一使用學校的操場，而在其他的日子只有女生可以使用操場。」

5 有些學生在午餐時間說話太大聲，因此校長規定：「所有的學生在午餐時間都不准說話。」

6 為了促進學生的健康，體育老師規定：「每個學生都必須在下課時間跑操場三圈。」

用以評估「規則與法律」的思考工具	
1. 這個人訂了什麼規定（規定的內容是什麼）？	
2. 為什麼這個人會認為訂這項規定是必須的？	
3. 除了訂這項規定之外，還有沒有其他的辦法可以解決這個問題？	
4. 訂了這項規定之後，可能會產生什麼結果？	
5. 這項規定有沒有什麼缺點？	
6. 你會遵守這項規定，還是會加以修改或廢除？為什麼？	

運用所學技巧

　　現在讓我們來看看，好的或是有用的規則有哪些特徵。各組同學已經討論並回答了「評估規則與法律」的思考工具表上的6項問題。對於要評估的每項規定，各組應該都已經有一套答案。在這個單元，請大家將注意力集中在「評估規則與法律」的思考工具表第5個問題的答案上。

1. 各同組同學一起檢視第56頁的「好規則或有用的規定的特徵」表。
2. 在「缺點」一欄，列出先前回答問題5「這項規定有哪些缺點？」的所有答案。
3. 接下來，請討論「好的規則應該……」一欄，先想想每項規定的缺點。
4. 現在請同學將討論思考後，好的規定應該具備的一項特徵，寫在「好的規定應該……」欄位中。

好規則或有用的規定的特徵		
規則或規定	缺點	好的規則應該……
例1		
例2		
例3		
例4		
例5		
例6		

運用所學制定好的規則

現在同學們已經學到了一些新的觀念，可以運用「思考工具」來評估及決定一項規則的好壞或是否有用，也可以利用「思考工具」來為自己的家庭、學校或是社區訂定新的規則。

請大家一起閱讀「大排長龍領午餐」的故事，並運用「評估規則與法律」的思考工具表來協助制定新的規則，解決學校的問題。

大排長龍領午餐

福爾摩沙小學的餐廳很小，而且只有兩個人負責發放午餐的工作。因此，每天的午餐時刻一到，學生們都必須排很長的隊伍才能領取到午餐。

可是在排隊等待的時候，學生們常發生相互推擠的情況，有些人甚至還會插隊。女學生紛紛抱怨男生拉她們的頭髮、幫她們亂取綽號。男學生則說女生總是動作慢吞吞又拖拖拉拉，而且常常不好好待在隊伍裡排隊，老是四處走來走去的與人閒聊，有時候真讓人搞不清楚到底是誰在排隊等著領午餐，又有誰只是跑來跟朋友說話。

於是，有一群學生建議學校必須制訂出一些規定，來解決必須大排長龍領取午餐的問題。

● 我們要如何利用規定來幫助我們解決學校、家裡和社區的問題？

運用所學技巧

1. 你提議的規定為什麼會有助於解決學校大排長龍領午餐的問題？
2. 如何運用「評估規則與法律」的思考工具幫助大家訂立新的規定？
3. 你會如何運用「思考工具」來訂立家裡、學校或社區的規定？

活用所知

1. 列出三項校規，並運用在這一課裡學到的「思考工具」來評估這些規定。你會遵守這些規定，還是加以修改或廢除？請說明理由。

2. 請同學分組演出一場戲，戲劇的內容是：運用一項新規定來解決問題。在班上同學面前演出這場戲，並請大家評估你所訂的規定。

MEMO

LESSON8

第八課　制訂新的規則和法律

本課目標

現在同學們已經知道如何評估規則或法律，可以進一步運用所學到的新觀念。在這一課，我們要試著應用「思考工具」來訂立新的法律或規則。

上完這一課，同學們應該能夠說明如何利用「思考工具」來訂定法規，也應該能說明如果提議的法律或規則通過以後，可能會出現什麼情況。

本課新名詞　民意代表　提案

參加社區會議

制定法規解決問題

這項活動要讓同學們練習制定法規，來解決下列故事中所描述的問題。請大家先閱讀「樹不夠」的內容，然後分組參加社區會議。

樹不夠

還記得人們剛來到溫泉市定居時，四周的山上滿是松樹。居民砍伐這些樹木，用木材來建造房屋並生火溫暖屋子。

漸漸地，居民發現他們還能夠把剩餘的，或者是用不到的木材賣給其他社

● 我們要如何運用權威來解決這個社區的問題？

民意代表

由人民選出，
代表人民行使權利，
如制定法規、
審查預算等。

提案

提出考慮的方案
或法案。

區的人。溫泉市因此而成立了幾間大型的木材廠，大多數的居民都在木材廠工作。

於是，蜿蜒的山路上開始出現許多的大卡車，這些卡車負責將在山上被砍伐下來的原木運往山下。森林裡的樹木非常豐富，似乎取之不盡，永遠也砍不完。

然而，隨著大家對木材需求量的增加，愈來愈多的林地遭到砍伐。彈指間，原本蓊鬱的山林只剩下樹木被砍伐後殘留的枝幹，幾乎找不到完整的林木生長痕跡。有些居民們驚覺當地美麗的森林正面臨迅速破壞的情形，再這樣繼續下去，溫泉市很快就會看不到任何的樹林。

因此，有些居民提議應該制定法律來解決這些問題。於是關心這件事的人們便找上了當地的民意代表，請他召開一場社區會議，集合關注這件事的人們一起討論應該如何提案，制定合理而公平的法規來保護森林資源。他們會將提案送交市議會，並促使法案通過。

準備參加社區會議（一）：分組並了解各組角色和立場

請老師將班上同學分成幾個小組，其中一組將扮演民意代表及其幕僚人員，其他組則分別擔任關心這件事的溫泉市居民。

● 居民要如何才能參與社區的立法過程？

首先，請各組同學針對問題進行討論，並運用「評估規則與法律」的思考工具來協助同學們擬定要在會議中提出的法律。同學們可以用「思考工具」評估每一個新的想法，引導各個小組討論的方向。在擬定法律規定時，可以對照前一課所學的好的規定的特徵，檢查所訂定的法律，有沒有違反這些特徵。

■ 第一組：民意代表和幕僚們

這一組想要訂定出對所有溫泉市的居民來說，都是既合理又公平的法規。

■ 第二組：恨要拯救森林的居民

這一組認為森林的存在與否，將會影響整個地球生態環境的優劣，你們想要提議制定法規：禁止人們繼續砍伐樹木。

■ 第三組：溫泉市的家庭

　　這一組想要盡可能地拯救樹木、維護森林，但是，也需要從森林砍伐木材，因為家中的火爐，需要靠著燃燒木材，才能讓屋子保持溫暖。

■ 第四組：木材廠老闆

　　這一組認為你們必須砍伐森林中的樹木才能維生。法律如果規定得太嚴格，生意會做不下去。

■ 第五組：徒步旅行和露營的人

　　這一組想要盡可能地拯救森林。可是你們也知道，有些朋友和鄰居都需要用到森林所砍伐下來的木材才能過生活。

準備參加社區會議（二）：各組職責以及事前準備

　　扮演民意代表以及幕僚人員的第一組，應該再一次把故事從頭到尾仔細閱讀一遍，然後準備一些要向其他組別提出的問題。這一組還要在黑板上列出，一個好的規定會有哪些特徵，並選出一人擔任主席。

　　其他的各組都應該準備發表簡短的演說，向所有參加會議的人，說明自己所擬定的法律提案。同時還要準備回答民意代表和他的幕僚，以及各組所提出的問題。

參加社區會議的進行程序

　　主席宣佈會議開始。接著，民意代表的幕僚將各組提出的法規寫在黑板上，請各組說明他們的提案。

　　然後，居民應該針對各項提案進行討論，挑選出最好的法律，然後再討論如何修改這項法規，才能包含各組的想法。民意代表及幕僚們應該將大家提出的修訂方案寫在黑板上，並確保這些修訂的方案獲得居民的同意。

　　聽過所有的建議之後，民意代表的幕僚，應該幫忙將提出的法案加以修改，然後送交議會，督促議會投票，讓提案通過成為法律。

● 你們班所提議的法案，有哪些優點和缺點？

討論活動

1. 議會應該採納居民提出的法規嗎？為什麼？
2. 居民提議的法規，有哪些優點和缺點？
3. 如果議會通過了居民的提案，可能會發生什麼事？
4. 除了制定新的法規，這個問題有沒有其他的解決方法？

MEMO

UNIT 3

第三單元：運用權威的益處與代價

● 運用權威之後，可能會發生什麼事？其中有哪些是好處，又有哪些是壞處？

單元目標

　　現在同學們已經清楚了解權威的意義，知道我們可以利用規則和權威職位來改善生活。然而，權威也可能導致問題。所謂權威的好處就是指「權威帶來的益處」，壞處則是指「權威要付出的代價」或是「權威造成的損失」。

　　這個單元，同學們要探討幾個假設情況，找出下列問題的答案：
● 假如我們運用權威，可能會出現什麼情況？
● 其中有哪些屬於益處？
● 哪些屬於損失或代價？

　　學習辨識代價和利益是很重要的，懂得分辨兩者能幫助我們決定是否要運用權威。一旦學會如何分辨代價和益處，就能處理以下問題：
● 在這種情況下，是不是需要運用權威？
● 我們是不是應該繼續依照目前的方式運用權威？
● 什麼時候我們應該改變運用權威的方式？

第九課　運用權威的結果

本課目標

只要運用權威，就會產生一些結果。有些結果會帶來益處，有些則必須付出代價。

在這一課，同學們會學習如何分辨運用權威的結果，並判斷這些結果是屬於益處或代價。

上完這一課，同學們應該能夠說明權威通常會帶來哪些益處和代價，並應用所學的觀念，來決定在某種情況下是否要運用權威。最後，我們應該能說明為什麼必須了解運用權威的結果。

本課新名詞

益處　代價

學習重點 I

運用權威的結果

人們在對「運用權威」愈來愈有經驗以後，就會知道某些事情，可能會因運用權威而發生。這些隨之發生的事情，就是運用權威的結果。

☑ 如果老師規定學生必須清理自己所製造的垃圾，會產生的一項結果就是教室變得比較整齊乾淨；另一項結果則是同學們必須花時間把垃圾撿起來，丟到垃圾桶。

● 為什麼我們需要了解制訂規則或法律所帶來的結果？

有時運用權威的結果會帶來益處，或者說是好處；有時則要付出代價，也就是壞處。

☑ 校長要學生在學校餐廳裡排成一排、安靜等待領取午餐。餐廳裡的情況因而變得更安全、更有秩序，這就是益處。另一方面，學生失去了在排隊時輕鬆聊天的自由，這就是代價。

● 運用權威的結果有哪些屬於益處，又有哪些是屬於代價？

益處

指有利益的事情或好處，可以滿足某種需要或欲望。

代價

為得到某個東西或達成某個目的，而必須付出相對應的努力、犧牲或放棄某些事物。

一個人在決定是不是要在某種情況下運用權威時，必須先了解他的行動可能會帶來什麼結果，也必須知道哪些結果屬於益處，又有哪些屬於代價。如此一來，我們就能決定自己是不是要在那種情況下運用權威。我們要小心檢查，才能確保運用權威的結果是利多於弊。

解決問題

分辨運用權威的結果並加以分類

還記得梅根嗎？上次梅根在睡夢中重返凱倫尼亞時，她和其他人正在運用權威。他們忙著制定規則，以及選出適當的人擔任權威職位。你還記得他們制定了什麼規定嗎？他們設立了哪些權威職位？閱讀故事「晚安梅根（三）」，然後分組討論並回答《仔細想想》的問題。

晚安梅根（三）

　　在凱倫尼亞的居民制定了規則，並選出適當的人擔任權威職位後，情況變得比較順利了。

　　新的規定讓每個人都能公平享受到漫畫、錄影帶和冰淇淋等，也保障了凱倫尼亞街道上行人的安全，因為路上交通更有秩序了。此外，新規定也使得整個環境更加乾淨，因為大家都要遵守「不亂丟垃圾」的規定。

●這個社區的人如何運用權威來解決問題？

●法官凱蒂如果運用權威，會有什麼結果？其中哪些是益處，又有哪些屬於代價？

梁恩盡心盡力的負責執行禁止打架的規定。如果有人打架，他會說：「你們兩個給我分開，不然你們就得跟我去見法官。」因為警長和副警長的認真工作，大家現在知道自己不再需要那麼擔心自身的生命或財產的安全，晚上也可以安心睡覺了。

法官凱蒂努力做到公平地解決爭端，她會說：「現在讓我們來看看，根據法律大全第2,376頁，我命令你們兩個人支付對方365元。」

有些人不喜歡遵守規定，他們認為規則和擔任權威職位的人剝奪了他們的自由，權威讓人們不能想做什麼就做什麼。

有時，那些擁有權威的人也會讓凱倫尼亞居民感到困惑，他們會給居民錯誤的指示，或完全不告訴他們應該怎麼做。有些擔任權威職位的人做不屬於他們權力範圍內的事，像是負責捕狗的人指派自己的朋友當助手，但是他的朋友其實並不適合這項工作；又如市長太忙了，沒時間接見想和她說話的人。

有些凱倫尼亞的居民則是什麼事都不做，他們說：「讓那些有權威的人，做所有該做的事，我們就是為了這個目的才會選出他們的。」他們認為監督擁有權威的人做事實在很麻煩，也覺得要修訂不喜歡的規定太辛苦了。

仔細想想

1. 凱倫尼亞在制定了規則和有人擔任權威職位後，出現了什麼結果？
2. 這些結果中有哪些是益處？
3. 有哪些結果屬於代價？
4. 你能不能指出你的社區擁有法規的結果？
5. 這些結果中哪些屬於益處？哪些屬於代價？
6. 你認為為什麼我們需要了解運用權威的結果？

學習重點2

運用權威常見的益處與代價

　　現在同學們應該可以了解人們只要運用權威，就會產生結果，也知道可以將這些結果歸類為益處或代價。

　　下面是運用權威常見的益處和代價：

常見的益處

■ 安全：權威可用以維護秩序，並保護個人生命、身體和財產的安全。

● 權威如何才能保護人們和財產？

　　例如：交通法規能預防意外發生，因為車輛在路上行駛更有秩序。

■ 自由和其他權利：權威有助於保護我們的權利。

　　例如：法律保障孩童受教育的權利。

● 權威如何能協助我們處事公平？

■ 公平：權威能幫助我們公平分配大家都想要和需要的東西，也能確保我們平等對待每一個人。

　　例如：家裡的規定讓大家一同分擔家務，維持房子的整潔。

■ **解決紛爭**：權威有助於以公平的方式解決紛爭。

　例如：若是兄弟姊妹之間為了要看哪個電視節目而爭吵，父母能夠幫忙解決衝突。

■ **生活品質**：權威能夠改善人們的生活方式。

　例如：確保食物品質的法規，能幫助人們維護健康。

● 權威能怎麼改善人們的生活方式？

常見的代價

■ **對自由產生限制**：每當我們運用權威，同時就會限制了某個人或某些人的自由。

　例如：若是制定法令規定每個人在發表公開演說之前，必須先得到許可，這等於限制了言論自由。

● 為什麼人們想知道擔任權威職位的人是不是有把他們的工作做好？

LESSON9

● 如何才能讓所有居民有共識，一同努力解決社區的問題？

■ **用心關注**：我們必須確定自己選出了適當的人來擔任權威職位，同時也要確定他們認真的工作。

> 例如：在投票之前，我們應該去聽候選人的政見發表，了解他們的想法和特徵。在他們當選之後，還必須監督他們的表現。

■ **缺乏彈性**：有些法律、規則和權威職位，在達到被創立的目的後，仍會繼續存在。還有，有時擁有權威的人已經習慣了某種做事情的方式後，就不願意改變。

> 例如：缺水時期禁止洗車的規定，在用水不再短缺之後，可能還是會繼續執行。

■ **放棄責任**：在某人獲得權威以後，其他的人有可能不願再盡自己的責任。

> 例如：有時人們不願意自己努力嘗試解決問題，像是亂丟垃圾的問題，他們認為選出某些官員之後，那些人就要負責解決問題。

■ **為權威付費**：設立權威職位後，人們必須發薪水給擔任這些職位的人，通常是透過人民繳納的稅款來支付。

> 例如：我們付薪水給警察，請他們維持社會秩序。

解決問題

分辨以下情況中權威所帶來的益處和代價

請大家閱讀下面的故事,分辨選出學生會代表的結果。看完故事之後,回答《運用所學技巧》單元的問題。

學生會代表——貝蒂

今年,學生選出了貝蒂擔任他們在學生會的代表。每個人都喜歡貝蒂,她不但對人友善,而且做事勤奮。此外,貝蒂還參加了學校中的好幾個社團。同學對貝蒂有很高的期望,她也沒有讓大家失望。

貝蒂在勝選之後,說服學校通過了一項校規,要求學生清理自己在走廊和操場上所製造的垃圾。她還說服校長催人來負責學生在學校操場上的安全。接著她又發揮影響力,讓學生會投票通過為圖書館添購新書和電腦。

● 當上學生會的成員運用權威,是不是利大於弊?為什麼?

　　不久之後，有些學生對參與改善學校的工作，逐漸失去了興趣。他們覺得既然貝蒂把工作做得這麼好，她可以繼續負責所有的工作。

　　有的學生抱怨新的安全人員太過嚴格，他會在上課鐘響之前五分鐘，就趕學生回教室，還會禁止學生進入校園的某些區域。

　　為了支付辦理春季舞會的花費，貝蒂說服學生會向每個想參加的人收取入場費。而且自從貝蒂成為學生會的代表，她的朋友們幾乎找不到機會跟她說話。因為她總是忙著趕作業，不然就是去參加學生會的會議。

運用所學技巧

1. 讓貝蒂成為學生會的成員運用權威，有些什麼結果？
2. 這些結果中哪些屬於益處？
3. 哪些結果屬於代價？
4. 運用權威的結果、益處和代價這些資訊，如何幫助你評估與作決定？

活用所知

1. 列出一些在家庭、社區和縣市裡的權威職位。設立這些職位後,各有什麼益處和代價?

2. 請圖書館員推薦一本關於某個擁有權威的人的書。看完書後,寫一篇簡短的心得報告,根據作者在書中的描述,列出主角擁有權威後得到哪些益處,以及付出哪些代價。

第十課　運用權威解決社區的問題（二）

本課目標

這一課，同學們要學習運用到分辨代價和益處的技巧來做出一項決定，這個決定是關於是否要運用權威來管制社區內的滑板運動。

上完這一課，同學們應該能夠說明：為什麼辨識和區分運用權威的結果是益處或代價，能幫助我們決定是否要運用權威。

 本課新名詞　　市議會

參加市議會公聽會

評估、決定並堅持一項新的法律

先前我們學到了如何分辨運用權威的結果，現在要應用所學的觀念來評估一項新提出的都市法規，並將運用權威的結果，區分為益處或代價。

這些技巧能幫助我們準備如何在市議員面前陳述意見。首先，請大家閱讀「滑板大辯論」的故事，然後思考假如市議會通過所提出的新法規，可能會發生什麼結果。

滑板大辯論

　　會議室裡面擠滿了人，因為市議會正在為即將提出的新法案舉辦公聽會，會場肯定將有一場激烈的討論。

　　這項新提案的法律規定：「在市區內的任何街道、人行道或停車場溜滑板都是違法的。」這項法規的目的在於避免溜滑板的孩子受傷、保護行人的安全，以及減少噪音。

市議會

地方民意機關，由市民選舉產生市議員代表市民制定法律、監督市政、接受人民請願等。

　　市議會已經花了非常多的時間討論這項法規的效果，市議員們知道，這項法規會使這項非常受歡迎的運動帶來限制，但是他們希望可以藉此避免有更多人受傷，並減少市民的抱怨。

　　很多立場不同的團體都派人參加公聽會，他們想向市議會表達對新制定法規的看法。早上十點整，主席的木槌一響，這場公聽會就開始了。

●如果市議會通過滑板法，可能會發生什麼事？哪些結果屬於益處，又有哪些屬於代價？

LESSON10

請老師將班上同學分成幾個小組，其中一組將扮演市議會，其他組則擔任不同的市民團體。

■ **第一組：市議會**

這一組是社區整體利益的代表。你們的工作是運用你們的權威，來制定對所有社區居民既合理又公平的法規。

■ **第二組：滑板俱樂部**

這一組都是喜歡滑板運動的年輕男女。你們認為在市區裡唯一可以練習滑板的地方，就是街道、人行道和空的停車場。

● 在對市議會陳述意見時，可以如何運用益處和代價的這些概念？

■ **第三組：安全委員會**

這一組扮演市政府的官員，負責確保市內每個地區對所有市民都很安全，包括公園、街道和工作場所等。你們的研究顯示，許多溜滑板的人受到永久性的傷害。

■ **第四組：警察**

這一組要負責執行法律，每天忙著四處巡邏、保護市民的安全。你們覺得監督溜滑板的人，並不是善用時間的好方法。

■ **第五組：社區居民代表**

這一組認為在街道和人行道上溜滑板所造成的噪音和危害，對社區來說是很大的問題。你們希望這些問題能得到解決。

■ **第六組：家長聯盟**

這一組覺得溜滑板是很健康的運動，社區應該提供安全的場所，讓孩子可以進行這項運動。

準備參加市議會公聽會（二）：各組職責以及事前準備

第一組要選出一位主席來主持公聽會，並準備一些問題，在會議中向其他組別提問。

各組都應該想想，假如市議會採納新的法規，可能會出現什麼結果，然後將結果區分為益處或是代價。

各組必須利用這些資訊準備一篇簡短的講稿，在公聽會時發表。請各組選出一人負責演說，同組的其他學生則幫忙回答市議會可能提出的問題。

● 為什麼市議會在做決策之前，應該先聽聽不同團體的看法？

市議會公聽會的進行程序

主席宣佈公聽會開始，接著請各組表達他們的看法。在一組發表完意見後，主席要給其他市議員機會向這一組提問。

市議會應該在聽過所有組別的意見後，針對所提出的新法律加以討論，然後投票決定，並對全班說明決定的理由。

討論活動

1. 你是否同意市議會的決定？為什麼？
2. 現在市議會已經通過或是否決了新法案，你認為接下來可能會發生什麼事？
3. 在市議會的公聽會中，可以聽到許多新法律會帶來的益處和代價，哪些是最重要的？為什麼？
4. 懂得分辨結果並將結果區分為益處和代價，這項能力如何幫助你在這種情況下，做出和運用權威有關的決定？
5. 想想看還有沒有其他的辦法可以解決社區滑板運動的問題？

UNIT 4

● 你會賦予這些權威職位什麼樣的責任和權力？又會給每個職位什麼樣的限制？

單元目標

　　假設我們要在班上或校內設立一個新的權威職位，大家會賦予擔任這個職位的人什麼樣的權力和職責？又會在這個人的權力加上哪些限制？如何確保這個人不會濫用他的權威？因此，我們在設計權威職位時，必須小心謹慎地計畫，如果不小心，可能會製造出許多新的問題。

　　在談到權力、責任、特權和限制時，我們會使用「範圍」和「限制」這兩個名詞。「範圍」是權威可以適用的領域，或是可以運用多大的權威。至於「限制」，是設立界限，目的是要確保權威不會被濫用。

　　即使一個國家的總統，也必須遵從總統這個職位的權威範圍和權威限制，儘管總統他有執法的權力和職責，但仍須受到一定的限制。以美國為例，總統不能宣戰，對外宣戰要由國會來決定，總統也不可以沒有經過國會同意，就任意花用納稅人的錢。

　　民主國家想要確保總統、國會議員和法官，有足夠的權力完成他們的職責，不過也要小心避免權力遭到濫用。所以，憲法會對政府的行政、立法、司法這三大部門的權力加以限制。

　　同學們可以看看我國的憲法，了解一下憲法中對這些權威職位的範圍和限制。

　　在這個單元，同學們會學到如何檢視權威職位，判斷這些職位的設計是否恰當，也要了解該如何設計權威職位。

▋第十一課 評估權威職位

本課目標

在這一課中，同學們會學到一組新的「思考工具」，這些「思考工具」有助於你評估權威職位。

上完這一課，同學們應該能夠運用這些工具，來檢視權威職位，也能提出如何修改權威職位的建議。最後，請同學說明為什麼評估權威職位是很重要的。

本課新名詞 限制 範圍

學習重點I

評估權威職位的重要

擁有權威的人會對我們的生活帶來很大的影響。有些權威職位具有很大的權力，另外一些卻沒有足夠的權力可以去做該做的事情。某項權威職位究竟要具備多大的權力？這項權威職位的權力有沒有範圍和限制呢？

我們評估權威職位，是為了確定擔任這些職位的人，有足夠的權力將工作做好，提供我們所想要和所需要的服務。

我們評估權威職位，也是為了確定擔任這些職位的人，權力不會過大而遭到濫用，因此，我們必須限制這些人的權力，才能保護我們自己的權利。

我們也希望確保擁有權威的人能公平對待每一個人。如果不思考我們究竟賦予權威職位多大的權力，我們的基本自由很可能會遭受到威脅。

辨識權威職位的問題

以下是「晚安梅根」這個故事的完結篇。梅根幾乎快看完她的書了，上次她造訪凱倫尼亞的時候，我們已了解到運用權威會帶來哪些益處和代價。

在這一段中，我們會明白如果沒有小心設計權威職位，就會發生問題。請同學們一起閱讀，然後分組仔細想想故事內容，並回答後面的問題。

晚安梅根（四）

凱倫尼亞有些居民不贊成制定規則，也對擔任權威職位的人有意見。梅根仍然覺得自己夢到的一切十分完美。不過，她還是決定聽聽看這些人有什麼意見。

有些人抱怨法官凱蒂，認為她從來沒有足夠的時間聽清楚人們在吵些什麼，每個人都要等上好幾個小時，才能等到凱蒂來幫他們排解紛爭。而且她總是忙著檢查店家的錄影帶和冰淇淋的價錢是不是太高。在凱倫尼亞設立學校之後，凱蒂要負責確保學生們每天都有去上課，她甚至還得負責監督垃圾清潔工是不是有做好工作。

● 凱蒂法官擁有的權威職位可能有什麼問題？你要如何解決這些問題？

　　如果違反規定的人來到凱蒂法官的法庭，她只能告訴他們所違反的規定內容是什麼，但是這也只有在違法的人出現在她面前的時候，凱蒂才能夠向這些人說明他們是哪裡做錯了，凱蒂並不能強迫任何人到她的法庭去。凱蒂法官沒有辦法處罰做錯事的人，也無法強迫任何人賠償他們對鄰居財產所造成的損害。

　　人們對警長也有很多不滿。梁恩警長會把沒有違規的駕駛人攔下來，或是在沒有正當理由的情況下，敲門要求搜索居民的房子。有時他在判定

● 警長這個權威職位可能有些什麼問題？你要如何解決這些問題？

某個人違反規定之後，馬上就把他送進監獄。有些人被他關在監獄裡很久很久，中間還得不到任何食物或飲水。有一天，梁恩警長自己還訂了一項新規定：「每個人都必須早上六點就起床。」第二天一大早，他就開車四處巡邏，檢查是不是有人還沒起床。

梅根心想：「天啊！現在凱倫尼亞出現了一堆新問題。」她想要從夢中醒來，但最後還是決定再多待一會兒。她想要知道居民能不能解決這些新問題。梅根再度與鄰居溝通，大家決定召開另一場凱倫尼亞居民大會。

仔細想想

1. 故事中提到哪些權威職位？最初設立每一項職位的目的是什麼？每個職位是不是都是必須的？為什麼？
2. 凱蒂法官的權威職位有什麼缺點？你會建議做哪些改變，來改善這個職位？
3. 梁恩警長的權威職位有什麼缺點？你會建議做哪些改變，來改善這項職位？
4. 為什麼能夠評估權威職位是很重要的？試著去評估這個故事中的職位。

學習重點2

運用思考工具評估權威職位

如果現在有個問題需要解決，「思考工具」可以派上用場。《仔細想想》的問題，就是能幫助我們用來評估權威職位的工具。

第88頁「評估權威職位的思考工具表」，包含了我們在以後練習中需要用到的思考工具。

請同學們注意下列事項：

- 第一部分，也就是問題1~4，能幫助我們找出權威職位的特徵。
- 第二部分，也就是問題5~6，能用來評估權威職位的優點和缺點。
- 第三部分，也就是問題7~8，有助於決定要提出什麼樣的建議。

評估權威職位的思考工具	
第一部分 —— 分辨或設立權威職位	
1. 要評估的是什麼職位？	
2. 為什麼要設立這個職位？這個職位是必須的嗎？	
3. 這個職位有哪些職責、權力和特權？	
4. 這個職位在使用權力方面有什麼限制？	
第二部分 —— 分析權威職位可能的影響	
5. 設立這個職位，可能會引發哪些事情？	
6. 設立這個職位，有哪些優點和缺點？ ● 這個職位是不是具備足夠的權力？ ● 這個職位的權力有沒有適當的限制？ ● 擔任這個職位的人會不會負擔太多責任？ ● 是否有足夠的資源可以利用？ ● 有沒有辦法監督在位的人的工作表現？ ● 有沒有辦法避免或禁止權威遭到濫用？ ● 人們能不能夠和在位的人溝通他們的期望和需求？ ● 有沒有辦法可以確保在位的人處事公平，而且尊重每個人的權利？	
第三部分 —— 作決定	
7. 你會提出什麼建議來改善這個職位？這些改變有哪些利益和代價？	
8. 你覺得我們是應該維持職位的原狀，還是加以改變或廢除？為什麼？	

評估故事中的權威職位

請同學們閱讀「操場管理員」的故事，然後分組填寫第88頁的思考工具表，利用各個問題來評估故事裡的職位。

操場管理員

有一天，海景學校的歐校長請六年級的艾里在下課時間擔任操場管理員。艾里的職責包括發棒球和球棒，並確保每個學生都有機會使用到操場的設備。艾里還必須制止學生亂丟垃圾或打架，並讓學生離學校操場的圍牆遠一點。

艾里問：「如果有人做錯事，我應該怎麼處理？」歐校長回答：「你應該請那個人不要再繼續那樣做。」

● 你會賦予操場管理員什麼樣的職責和權力？你會在他的權威之上加諸什麼限制？

　　才剛過了早上的休息時間，艾里就計畫著要辭職了，他覺得自己一個人沒辦法承擔這份工作。因為艾里在分發棒球的時候，有人開始在操場上打架，而當他正努力勸阻某些學生遠離學校圍牆時，又有人隨地亂丟糖果紙。於是，艾里很客氣的請同學們離開圍牆邊或不要亂丟垃圾，但是這些人卻完全不理會。當他要求大家輪流使用操場上的設備時，學生們也把他說的這些話當作耳邊風。

　　而如果棒球和球棒都發完了，有些沒分到的學生就會對艾里發飆。艾里真不知道自己到底應該怎麼做才好？學校沒有足夠的設備並不是他的錯呀！他的心情變得很差，還對低年級的學生大吼大叫，叫他們回到自己的教室去。

　　歐校長一走出辦公室，就有許多學生跑去向她告狀：「艾里毀了我們的休息時間。」

運用所學技巧

1. 為什麼能夠評估權威職位（例如，操場管理員的職位），十分重要？
2. 這組「思考工具」可以如何幫助你去評估或規劃班上或學校的權威職位？

活用所知

1. 請同學合作改寫「操場管理員」這個故事。請同學說明在你們所改寫的故事當中，會做什麼樣的改變，來改進這項權威職位。與班上同學分享你們的故事。

2. 請全班同學分成幾個小組，合作找出憲法上總統擁有什麼樣的職權和權力。總統這個權威職位，有沒有受到什麼限制？如果有，是哪些限制？

MEMO

LESSON12

▌第十二課 設立權威職位解決學校的問題

本課目標

在本課中，同學們將要設立一個權威職位，並運用「思考工具」來決定這個職位的權威範圍和限制，評估這個職位的優缺點。上完這一課，同學們將能夠應用「思考工具」來設計權威職位。

本課新名詞　　塗鴉

◆參與解決學校的問題

如何設立權威職位

　　在這個單元，同學們要負責設計一個權威職位，來解決校園和社區裡一個常見的問題。請大家先閱讀「塗鴉管理」的故事，然後分成幾個小組，設計一個權威職位來處理這個問題。

塗鴉管理

　　有一天，蘇山小學的牆上出現了塗鴉，剛開始狀況還不算嚴重，只是有人在後牆上噴了幾個字。但是到了冬天，塗鴉變成了嚴重的問題，不但出現在走廊、男生女生的廁所裡，連體育館的地板上都有，甚至學校餐廳的桌子上也有塗鴉，學校變得很不美觀。

塗鴉問題似乎沒有辦法可以解決，工友用油漆把塗鴉蓋掉，但是幾天之後很快又出現新的塗鴉。後來甚至有人在暗地裡，用自己的塗鴉蓋過別人的塗鴉，校園內的情況變得很緊張，也開始有打架事件發生。

校長花了很多時間想解決塗鴉問題，包括：重新粉刷牆壁、阻止打架事件、去和憤怒的家長溝通，也試著找出到底是誰在亂塗鴉。校長詢問過很多學生，不過他們都很害怕，不敢提供線索。

校長在這件事情上投注了太多心力，導致沒有時間處理其他重要工作，於是他決定請學生幫忙設計一個新的權威職位，來處理這個問題。校長給同學們以下指示：擔任這個職位的人，應該要能保護學校的財產、了解學生的權利、解決紛爭、教導犯錯的人改過，以及管理一面專門給喜歡畫畫的學生盡情發揮之用的牆壁。

校長答應一旦學生設計完成，他就會指派一個人來擔任這個職位。於是，各班師生開始進行設計工作。

● 你會設立什麼樣的權威職位，來解決常見的塗鴉問題？

設計權威職位

　　請同學分組討論蘇山小學所發生的塗鴉問題，然後決定你們要設計什麼樣的權威職位來幫忙解決這些問題。

　　利用第88頁「評估權威職位的思考工具」的第一部分，協助你們設計權威職位，然後用第二部分來評估你們所設立的職位。

　　接下來，各組應該準備對班上同學說明各組的想法，說明的內容應該包括下列事項：

● 你們設計這個職位的目的
● 列出這個職位的權力和職責
● 這個職位的權力受到哪些限制
● 這個職位可能有哪些益處和代價
● 說明你們要透過何種方法，來了解擔任這個職位的人，有沒有把工作做好、公平對待每一個人，並且尊重所有人的權利

● 你要如何設計出一個職責、權力和限制都很適當的權威職位？

說明各組設立的權威職位

　　每一組都要向班上同學發表他們設計的權威職位內容。其他學生若對該組提出的設計有疑問，都可以提出問題。

　　在聽過所有組別的成果發表後，將這些不同的設計加以比較。這些設計彼此之間有什麼「類似」和「不同」的地方？

　　請全班同學投票選出哪種設計最適合用來處理塗鴉問題。接著全班應該一起腦力激盪，整合各組最好的想法，設計出一個權威職位。

討論活動

1. 你認為蘇山小學新設立的權威職位，可以解決塗鴉問題嗎？為什麼？
2. 學校還可以採取哪些不同的辦法來處理這個問題？
3. 「思考工具」如何幫助你設計出這個權威職位？

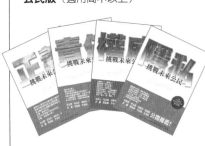